歷代名人短椾

國學精選叢書

曹鵠雛 編註

編例

一、本書選輯歷代名人短椾而成。取材範圍，上自周秦，下迄清末，凡三百一十餘篇。專供中學生國文科補充閱讀之用。

二、本書内容，多取材於正史野乘，及歷代名家文集，所引原書凡一百五十餘種，作家二百二十餘人。

三、本書所搜材料，類多短雋動人。每篇字數，自二三十至二百六七十不等，過長者不入。

四、本書各篇均附有提要、注釋、及作者傳略三項。本書編次，以作者時代爲先後，不以内容而分類。

五、原文之大意及有本事可查者，於提要欄中說明之。

六、書中注釋，僅以普通字典、詞典所未能檢索者爲範圍（人名、地名除外），半由限於篇幅，半爲留讀者自動學習之餘地。

七、各篇題下，均說明所引原書，使讀者知其出處，便於檢閱。

序　言

經了數月的努力，總算在秋陽肆威下，把這本歷代名人短椾的選集草草編就。看看瓶中尚有餘墨，就來談談關於短椾的各種問題和本書的內容。

短椾亦稱小椾、短書、小札、……。它的性質，和一般書牘一樣的是一種對人敘事抒情的工具。其所以和長牋不同的所在，無非一爲長篇累牘，一則短小的簡札而已。但是仔細研究起來，這句話還嫌太籠統，不能把短椾的特徵充分地表現出來，我們似得再作進一步的探討。

我們知道一般長牋的內容，大都含蓄深廣，結構謹嚴，論事則貴反覆剖析，淋漓盡致；記敘則多源源本本，暢達無遺。雖然不受字數的限制，全文的辭旨和布局各方面，非面面顧到不可，因此寫作之前，至少需要一個相當的時間，仔細擘畫一下，才能下筆，或者甚至於需要先起一個稿子；因爲不這樣，總難免有疏漏的地方，使全文爲之減色。可見這種作品，和其他長篇文章一般，決不是隨便可寫，須得鄭重將事，方爲上乘。短楄原是小品文字之一，內容簡單，所敘述的無非瑣事碎語，或某種簡要的事實。其構成的動機，往往發於偶然的感到某種情感或某種事故認爲有發表或傳達於人的需要的時候，不假思索地信手寫來，少則數十字，多則二三百字，不但沒有充分的時間去精工細琢，也沒有廣大的空間容你縱橫馳驟；所以它的外形和實質，類多簡短、自然、真實、……，不似長牋般洋洋灑灑，動輒數千言，使人非打起精神來讀不可。

根據上面的說法，我們就可知道短楄有四種極顯著的特徵，就是：(1)形小辭簡；(2)內容細瑣；(3)敘述經濟；(4)自然真實。同時我們也就可以依據這幾個特徵，來下一個定義：

短楄是一種以經濟的技術對人發表意思或傳達感情的工具；也就是在某種偶然的需要時向人言事達情，概略而真摯的書信。

明白了短楄的意義之後，其次我們也該知道短楄在文學上有怎樣的地位。我們知道文學有兩種解釋：廣義地說，凡由文字所表現出來的人類精神的產物，即是文學；狹義地說，凡除了科學以外的著作，以訴之於人類感情的藝術作品，都是文學。書信是應用文字之一，因其能濟言語之窮，使各個人的意思和感情不受時間空間的限制，可以互相傳達，正足以助長人類的生活力，使人類精神充分發展。尤其是短椾是一種簡短的概略的寫實作品，在近代文化日進，人事日繁的時代，幾乎已成爲人類生活上不可或缺的工具；則其性質當然也是一種人類精神的主要產物，在廣義的文學上自有其相當的地位。進一步說，短椾的寫作，最近於自然，最富於感情，其作用不僅全在應用，有時候也可視爲一種純粹的文藝作品。托爾斯泰在什麼是藝術中說：「凡是能把我所受的情感和印象傳給別人後，使他也受著和我一樣的情感和印象的，就是藝術。」這種把自己所受的情感和印象，傳給別人後，使他也受著和自己一樣的情感和印象的事實，在短椾中也常常可以看到。我們可以隨便舉一個例子來證明，譬如吳均與朱元思（見本書）的書札，完全是用經濟的藝術的手腕寫成的。他描寫富陽至桐廬一百許里間的風景，有奇山，有異水，也有游魚、細石、寒樹、飛泉、好鳥、鳴蟬、啼猿、……寥寥百餘字，寫得有聲有色，使人讀了悠然神往，彷彿置身畫圖中，流連忘返。再察其寫這封短椾的動機，很明顯的不過是他——吳均——偶然見到了這樣美妙的風景，欣賞之餘，就發生一種「悠然」的情感，覺得非記之於筆不可；又因了自己愛好這奇山異水，便想到非傳給知己的朋友，使他也有這樣美妙的印象不可。在這兩種「非……不可」的情勢之下，終於構成了這篇純藝術的短椾。所以短椾的能傳訴人類的感情，其價值並不在詩、歌、戲劇、……等純文學作品之下，其在狹義的文學中的地位，也就可以不言而喻了。

據上所述，短椾在人類生活中既有如此重要，則我們對於寫作短椾的技術方面，似應也有研究的必要。歷代文人，多以爲尺牘小道，不加重視，短椾的作法，也從來沒有人注意過。大多數人都以爲寫短椾是一件極平常的事，用不到咬文嚼字去加工細作，祇要我所寫的意思，人家看得懂就行，何必去研討什麼作法，什麼技巧。這句話從表面看起來，似乎很有理，其實並不如此簡單。我們寫一封短椾給人，要是技術上沒有相當的修養，寫出來的作品，一定不是敍事雜亂，便是辭意不達；不是先後重複，便是疏漏百出；使人讀了，不僅得不到明確的印象，反易引起他不良的反應。如有一位朋友曾經這樣地對我說過：「我覺得寫小品文很不容易，寫短椾更不容易。寫普通小品文，字數不能過多，須得字字警醒，句句精彩，才能稱工，所以我不敢常寫。但在寫作以前，還能容你很從容地選材擇題，立意布局；既寫之後，也可由你很仔細地斟酌字句；縱使一時寫它不好，不妨順手把原稿向紙簏裏一擲，或者重新寫過，或者丟棄了事。寫短柬卻沒有這樣容易了，爲的是我們寫短柬的動機，往往出於臨時，在我們的生活過程中，偶然遇到需要寫給別人的時候，就得立時展開信箋，動筆就寫。而且所寫的事由，都是固定的，固然不能虛構，也沒有容你更改的餘地；既寫了以後，就得馬上寄出，更沒有容你從容斟酌字句的餘暇。要是你寫一封短柬，需要長時間的構思與修飾詞句，緩不濟急，怎麼能夠適應複雜的人事。所以寫作短柬雖然是一件極平常的事，要寫得好，卻非常不易。」這番話很能證實寫作短柬的技術實有研究的必要。

寫作短柬，必須有三個條件：㈠簡要明暢；㈡有條不紊；㈢辭旨動人。簡要就是不冗雜，明暢就是不滯澀。不簡要，便近囉嗦，易使閱讀的人發生厭倦；不明暢，便近含糊，使人不易瞭解；這是必然的事。我們寫短柬的時候，如果單求其簡要或明暢，尚不過難，如欲兩者俱備，就非有相當的修養不爲功；短柬的不易寫作，大部分亦正在此。譬如顏真卿的乞米帖（見本書）全文僅四十餘字，雖然所敍述的衹有「乞米」一件事，但其所以窮困到要向人乞米的原因，——「拙於生事」——和最近窮困的狀況，——「舉家食粥已數月，今又罄竭」

——以及爲什麼不向別人乞米，而偏要向李太保求助的理由，——「輒恃深情，故令投告」——都一一交代清楚，再沒有仔細陳述的必要，所謂簡要、明暢，已竭其能事，無懈可擊了。

凡是書信，裏面所敘述的不一定祇有一件事，有時候短短的一篇小椾中，也許要包含若干事端。我們遇到這種時候，下筆以前就得略加思索，把所要寫的許多事情，先後分配一下，重要的寫在前面，次要的寫在後面，一件一件，分清境界，不使彼此混雜。像袁宏道與丘長孺書，（見本書）所敘述的有四件事，分條縷述，次序井然，接讀此書者，自然一目瞭然，無索義尋解之苦。不但如此，有時候一封信的內容雖然所敘述的，祇是一件事，但這件事卻需要反覆剖析，使自己所要傳達給人的意思，詳盡無遺，那末也該遵守這「有條不紊」的條件。如漢武帝敕責楊僕書的內容，概括的說起來，祇不過敕責楊僕過失的一件事而已。但因其過失不僅一端，那就非分別來說明不可，於是用「一也」「二也」……的寫法來敘述，不但用筆經濟，辭意反覺格外明顯了。

所謂辭旨動人，其目的在使人讀了以後，能夠受得一種較深刻的印象，並由此印象而引起其相當的反應。換句話說，我們寫信給人，不論論事、陳述、或抒情，必須使人能深切注意及了解我所傳達給他的意思，以達到寫這封信的目的。那末要怎樣，才能「動人」呢？有三個要素，必須注意，就是措詞宛轉，態度誠摯，詞句美麗。現在用譬喻的方法來分別說明。

假如有甲、乙二人同時寫一封短椾向丙自薦，甲所寫的，照著自己的意思老老實實地平鋪直敍，求其錄用；乙則宛轉曲折，不亢不卑，言有盡而意無窮。（如韓愈爲人求薦書……）我們可以斷定其結果，乙必先甲成功。這也不一定丙的錄人標準，全在文字上著眼，實是甲、乙兩椾中的措詞所給予丙的印象，乙較甲爲深刻，因之丙對乙的反應也較良好了。可見措詞宛轉，很有動人的力量。又如我們寫一封短椾去規勸友人的過失，必須以極誠摯的態度，宛轉的語調去促其自省（如文天祥勉林學士希逸；陸繼輅與友人書……），否則一篇泛詞，浮而不實，那能引起人家的注意？欲望其自新，當然是不可能的事。再譬如說：假如寫信邀人去遊山，你就必須敍明爲什麼有邀人遊山的動機，以及某山的景色怎樣可愛，同時還須把全部文字藝術化，美麗可愛，娓娓動聽，（如王維山中與裴迪秀才書……）那末即使素來不喜遊山的人，讀了這短椾，一定也會遊興勃勃，樂與你同遊了。明白了上述三點，不論寫甚麼短椾——論事、陳述、或抒情——就事半功倍，辭旨不患不動人了。

但是光是討論短椾的作法，總嫌有些不具體，凡是喜歡研究短椾的青年們，我相信他們一定很需要實際的材料，供他們參考。編者選輯本書唯一的動機就在乎此，不過前代名人的短椾，浩如淵海，不但不易盡數搜求，供你選擇；就是要從若干部分中去精選細剔，也很費事。雖然編者曾經費了極大的努力，從初選六百餘篇中，經過二選、三選以後，祇剩得現有的三百一十餘篇，總嫌未能盡善盡美，足以饜讀者之雅望，但也有三點，可以自慰的，就是：

㈠本書所選材料，尚能不背現代思潮，而且都是用最經濟的技術表情敍事述意而富有動人的力量，於現代青年寫作短椾，定有相當的助力。

㈡本書內容關於規箴及論學、論文的短椾，搜羅不少，對於讀者品學的修養，自信也有不少幫助。

㈢本書所選材料，各代具備，可使讀者明瞭歷代短椾的一般風格，以及演變的狀況。

話雖如此，疏漏紕繆之處，仍所難免，這就希望讀者隨時匡正了。

鵠雛於蘇州。

歷代名人短椾

目次

周

秦

漢

三國

晉

南北朝

隋

唐

五代

宋

金

元

明

清

【周代】

爲書辭勾踐㊀

吳越春秋勾踐伐吳外傳十

春秋越　范　蠡

臣聞主憂臣勞，主辱臣死，義一也。今臣事大王，前則無滅未萌之端，後則無救已傾之禍。雖然，臣終欲成君霸圖，故不辭一死一生。臣竊自惟，乃使於吳王㊁之慚辱，蠡所以不死者，誠恐讒於太宰嚭㊂，成伍子胥㊃之事，故不敢前死，且須臾而生。夫恥辱之心，不可以大，流汗之愧，不可以忍。幸賴宗廟之神靈，大王之威德，以敗爲成，斯湯武克夏商而成王業者。定功雪恥，臣所以當席日久。臣請從斯辭矣。

《提要》

范蠡事越王勾踐，苦身戮力，深謀二十餘年，竟滅吳，報會稽之恥；旋又佐越王稱霸中國，進上將軍。及反國，以大名之下，難以久居，且勾踐爲人，可與同患，難以處安，因爲書請辭。按：此牘較史記越世家所載爲詳，雖原書僅稱「九月丁未范蠡辭於王」，而未明言是簡牘，徵諸史記「爲書辭勾踐」一語，則其爲書信無疑。

《注釋》

㈠勾踐　春秋越王。初爲吳所敗，被困於會稽，後用范蠡文種十年生聚十年教訓之策，因以滅吳。於是渡淮水，會諸侯，霸於中國。

㈡吳王　名夫差，闔廬子。

㈢太宰嚭　太宰，官名；嚭，即伯嚭，爲吳佞臣。

㈣伍子胥　名員。吳敗越，越王請和，夫差許之，子胥力諫，不聽。太宰嚭讒之，夫差因賜子胥屬鏤之劍，遂自刎死。

《作者傳略》

范蠡，字少伯，楚三戶人，與文種同事勾踐。勾踐滅吳稱霸後，蠡即辭去適齊，變姓名爲鴟夷子皮，治產致數千萬。齊人聞其賢，以爲相，尋又辭去，止於陶，自號陶朱公。

自齊遺文種(一)書

吳越春秋勾踐伐吳外傳十

春秋越　范　蠡

吾聞天有四時，春生冬伐；人有盛衰，泰終必否(二)，知進退存亡而不失其正，惟賢人乎。蠡雖不才，明知進退。高鳥已散，良弓將藏；狡兔已盡，良犬就烹，夫越王爲人，長頸鳥喙，鷹視狼步，可與共患難，而不可共處樂；可與履危，不可與安，子若不去，將害于子明矣。

《提　要》

范蠡既辭勾踐，浮海出齊，遺文種書，勸其及時引退。種遂稱疾不朝，或讒種且作亂，勾踐乃賜種劍自殺。

《注　釋》

㈠文種　字伯禽，楚郢人，事越爲大夫。越之報吳，種謀居多。卒爲勾踐所忌，賜死。

㈡泰終必否　意謂凡事安泰之極，必反於否塞也。按泰、否，本二卦名，見易經。

《作者傳略》

見前。

獻書魏王（國策趙策）

戰國魏　范　座

臣聞趙王以百里之地，請殺座之身。夫殺無罪范座，座薄故也；而得百里之地，大利也；臣竊爲大王美之。雖然，而有一焉：百里之地不可得，而死者不可復生也，則主必爲天下笑矣。臣竊以爲與其以死人市，不若以生人市也。㊀

《提　要》

趙王欲爲從主，礙於魏相范座，因使人以百里之地（史記作七十里）請殺范座于魏，魏王許之，座因獻書於王。書中深寓諷諫魏王重地輕賢之意，末二句雖爲魏王設想，實則欲延頃刻之命，使魏王有省悟之機會；後座果得信陵君之助，得免。

《注　釋》

㊀臣竊二句　意謂殺座後設趙不予王地，王將奈何；不若與趙先定割地，而以殺座爲交換條件也。

《作者傳略》

范座，（一作痤）戰國魏相。

遺書信陵君 國策趙策

戰國魏　范　座

夫趙魏，敵戰之國也。趙王以咫尺之書來，而魏王輕爲之殺無罪之座。座雖不肖，故魏之免相（望）㊁也，嘗以魏之故，得罪於趙。夫國內無用臣，外雖得地，勢不能守。今能守魏者，莫如君矣。王聽趙殺座之後，强秦襲趙之欲，倍趙之割，則君將何以止之？此君之累也。

《提　要》

范座獻書魏王後，又遺書後相信陵君，陳述魏殺座受趙地之後患。全書措詞，雖未露求援之意，已使信陵君知所戒懼，不得不出而營救；後果言於王而出之。

《注　釋》

㈠信陵君　戰國魏昭王之少子，名無忌，爲戰國四公子之一。

㈡免相望　一本作「免相室」，史記作「免相」。

《作者傳略》

見前。

與傅麴武㈠書 燕丹子

戰國燕 姬丹

丹不肖，生於僻陋之國，長於不毛之地，未嘗得覩君子雅訓，達人之道也。然鄙意欲有所陳，幸傅垂覽之。

丹聞丈夫所恥，恥受辱以生於世也；貞女所羞，羞見劫以虧其節也。故有刎喉不顧，據鼎㈡不避者。斯豈樂死而忘生哉？其心有所守也。今秦王㈢反戾天常，虎狼其行，遇丹無禮，爲諸侯最。丹每念之，痛入骨髓。計燕國之衆，不能敵之，曠年相守，力固不足。欲收天下之勇士，集海內之英雄，破國空藏以奉養之，重幣甘辭以市於秦。秦貪我賂而信我辭，則一劍之任，可當百萬之師；須臾之間，可解丹萬世之恥。若其不然，令丹生無面目於天下，死懷恨於九泉，必令諸侯無以爲歎㈣。易水㈤之北，未知誰有。此蓋亦子大夫㈥之恥也。謹遺書，願熟思之！

《提　要》

燕太子丹質於秦，秦王遇之無禮，怨而亡歸，欲求復之，因作書與其傅麴武。

《注　釋》

㈠麴武（史記作鞠，國策作鞫）　燕太子丹之傅。
㈡據鼎　古有烹罪犯於鼎鑊之酷刑。
㈢秦王　即始皇帝，名政。
㈣歎　讚美。
㈤易水　燕地有易水，源出今河北易縣西。
㈥子大夫　尊敬之辭。

《作者傳略》

姬丹，戰國燕王喜之子。嘗質於秦，亡歸，使荊軻刺秦王；不成。秦使王翦擊燕，燕王喜亡，斬丹以獻秦。

報燕太子書 燕丹子

戰國燕 麴 武

臣聞快於意者虧於行，甘於心者傷於性。今太子欲滅悁悁之恥，除久久之恨，此實臣所當糜軀碎首而不避也。私以爲智者不冀僥倖以要功，明者不苟從志以順心。事必成然後舉，身必安而後行，故發無失舉之尤，動無蹉跌之媿也。太子貴匹夫之勇，信一劍之任，而欲望功，臣以爲疏〇。臣願合從㊀於楚，并勢於趙，連衡㊁於韓魏，然後圖秦，秦可破也。且韓魏與秦，外親內疏，若有倡兵，楚乃來應，韓魏必從，其勢可見。今臣計從，太子之恥除，愚鄙之累解矣。太子慮之！

《提　要》

麴武得燕太子書，以「匹夫之勇，一劍之任」，不足成大事，應連合諸侯，一致抗秦爲勸，丹不從，卒以事敗受禍。

《注　釋》

㈠疏　不切合之意。

㈡合從　與合縱同。燕居北，楚在南。故曰合從。

㈢連衡　與連橫同，東西連合也。

《作者傳略》

前上篇注釋㈠。

【秦】

賜文信侯㊀書

史記呂不韋傳

秦 嬴 政

君何功於秦？秦封君河南㊀，食十萬戶！君何親於秦？號稱仲父！其與家屬徙處蜀！

《提 要》

文信侯呂不韋嘗納邯鄲姬，有娠，獻之秦莊襄王，生子政，即始皇也。始皇即位，以不韋與太后通，貶之於河南；又恐其變，乃賜書云。

《注釋》

㈠文信侯　即呂不韋。本陽翟大賈，秦莊襄王以爲相；封文信侯，食河南洛陽十萬戶。始皇立，尊不韋爲仲父。

㈡河南　黃河以南也。

《作者傳略》

嬴政，即秦始皇帝。嘗并六國統一天下，又北擊匈奴，南并南越，疆域大擴。然爲政苛暴，焚書坑儒以愚民，爲我國學術界第一次浩劫。在位三十七年崩。

遺章邯書㊀

史記項羽本紀

秦 陳 餘

白起㊁爲秦將，南征鄢郢㊂，北阬馬服㊃，攻城略地，不可勝計，而竟賜死。蒙恬㊄爲秦將，北逐戎人，開榆中地㊅數千里，竟斬陽周㊆。何者？功多，秦不能盡封，因以法誅之。今將軍爲秦將三歲矣。所亡失以十萬數，而諸侯益起，滋益多。彼趙高㊇素諛日久，今事急，亦恐二世誅之，故欲以法誅將軍以塞責，使人更代將軍以脫其禍。夫將軍居外久，多內卻，有功亦誅，無功亦誅。且天之亡秦，無愚智皆知之。今將軍內不能直諫，外爲亡國將，孤特獨立而欲常存，豈不哀哉！將軍何不還兵，與諸侯爲從，約共攻秦，分王其地，南面稱孤；此孰與身伏鐵鑕，妻子爲僇乎？

《提要》

章邯為秦將，率兵伐趙，項羽往救，大破之。二世使人讓邯。邯使長史欣入請事，至咸陽，不得見，歸言趙高用事，勸邯自為計。時陳餘為趙將，以書遺之，邯遂降。

《注釋》

㈠章邯　本秦將，後降楚，項羽立邯為雍王，旋為漢軍所敗，自殺。

㈡白起　戰國秦昭襄王時良將，善用兵，後以罪賜死。

㈢鄢郢　戰國楚都城，在今湖北宜城縣西南。

㈣馬服　馬服君趙奢子括，率軍與白起戰，敗，卒四十萬降白，白挾詐盡阬殺之於長平，見史記白起傳。

㈤蒙恬　始皇時良將，屢立戰功。二世立，為趙高所搆，被囚於陽周，尋賜死。

㈥榆中地　在今甘肅皐蘭縣一帶。

㈦陽周　古縣名，在今陝西安定縣北。

㈧趙高　秦之宦者，二世時為丞相，獨專政權。旋弒二世，立子嬰，子嬰既立，乃族誅之。

《作者傳略》

陳餘，大梁人。初事陳涉爲校尉，趙王武臣以爲大將軍。及趙王歇，又立代爲王，留相趙。後爲漢將韓信所敗，斬於泜水上。

【漢】

勅責楊僕㈠書 漢書楊僕傳

漢 劉 徹

將軍之功，獨有先破石門尋陿㈡，非有斬將搴旗之實也，烏足以驕人哉！前破番禺，捕降者以爲虜，掘死人以爲獲，是一過也。建德呂嘉㈢，逆罪不容於天下，將軍擁精兵不窮追，超然以東越㈣爲援，是二過也。士卒暴露連歲，爲朝會不置酒；將軍不念其勤勞，而造佞巧，請乘傳行塞，因用歸家，懷銀黃㈤，垂三組㈥，夸鄉里，是三過也。失期內顧，以道惡爲解，失尊尊之序，是四過也。欲請蜀刀，問君賈幾何，對曰：「率數百㈦；」武庫日出兵，而陽不知，挾僞干君，是五過也。受詔不至蘭池宮㈧，明日又不對。假令將軍之吏，問之不對，令之不從，其罪何如？推此心以在外，江海之間，可得信乎？今東越深入，將軍能率衆以掩過不？

《提　要》

楊僕事漢武帝，以功屢有升擢。東越反，上欲其往討，僕自矜前功，不從，帝因勑責數其五過。僕恐，乃與王溫舒俱破東越。

《注　釋》

㈠楊僕　漢宜陽人，事武帝，累官至主爵都尉。南越反，拜爲樓船將軍，有功，封將梁侯。

㈡石門尋陿　均南越地名。石門在今廣東番禺縣西北，尋陿即今廣東曲江縣。

㈢建德呂嘉　建德，南越王名；呂嘉，其相也。

㈣東越　古國名，在今福建閩侯縣地。

㈤銀黃　銀，銀印；黃，金印。

㈥三組　組，印綬。楊僕有都尉、將軍、將梁侯三印。

㈦問君賈二句　楊僕嘗爲將，請官蜀刀，詔問賈，答言：「此率數百也。」

㈧蘭池宮　在渭城。

《作者傳略》

劉徹，即漢武帝。即位後，承文景之業，多善政，稱爲雄主。晚年好神仙，急征斂，致盜賊益多，民力凋疲。在位五十四年，崩。

與子琳書

孔叢子連叢

漢　孔臧

告琳，頃來聞汝與諸友生講肄書傳㈠，滋滋㈡晝夜，衎衎㈢不怠，善矣！人之進道，唯問其志，取必以漸，勤則得多。山霤㈣至柔，石爲之穿；蝎蟲㈤至弱，木爲之弊。夫霤非石之鑿，蝎非木之鑿，然而能以微脆之形，陷堅剛之體，豈非積漸之致乎？訓曰：「徒學知之未可多，履而行之乃足佳」，故學者所以飾百行也。

侍中子國㈥，明達淵博，雅好絕倫，言不及利，行不欺名，動遵禮法，少小及長，操行如故，雖與羣臣並居近侍，頗見崇禮，不供褻事㈦，獨得常御唾壺㈧，朝廷之士，莫不榮之，此汝親所見也。詩不云乎？「無念爾祖，聿修厥德㈨」，又曰：「操斧伐柯，其則不遠㈩」。遠則尼父⑪，近則子國，於以立身，其庶矣乎。

《提要》

孔臧勗勉其子琳。全文以積漸至勤爲主，並以「遠則尼父，近則子國」爲立身借鏡，而以積學力行爲扼要語。

《注釋》

㈠書傳　尚書及左傳、公羊、穀梁三傳。
㈡滋滋　與「孳孳」「孜孜」同，勤勉不怠之意。
㈢衎衎　和樂自得貌。
㈣山霤　霤與溜同。漢書枚乘傳：「秦山之霤穿石。」
㈤蝎蟲　木中蠹蟲也。
㈥侍中子國　即孔臧弟安國，武帝時爲諫議大夫，遷侍中博士，出爲臨淮太守。
㈦褻事　穢褻之役。
㈧御唾壺　帝王所用承唾之器。古時近侍重臣，得掌御唾壺。
㈨無念二句　見詩大雅文王篇。
㈩操斧二句　見詩豳風伐柯篇。按：原文爲「伐柯伐柯，其則不遠。」

㈡尼父　即孔子。

《作者傳略》

孔臧，漢蓼侯孔叢（孔藂子作彦）子，文帝九年，嗣藂爲蓼侯。武帝時，官太常，禮賜如三公。臧嘗與博士等議勸學勵賢之法，請著功令，自是公卿大夫士吏，彬彬多文學之士。在官數年，卒。

與摯伯陵㈠書 高士傳

漢 司馬遷

遷聞君子所貴乎道者三：太上立德，其次立言，其次立功。伏惟伯陵，材德絕人，高尚其志，以善厥身，冰清玉潔，不以細行荷累其名，固已貴矣！然未盡太上之所繇也，願先生少致意焉！

《提　要》

摯伯陵，漢之賢士，退身修德，隱於岍山。司馬遷少與之善，既親貴，以書勸進。

《注　釋》

㈠摯伯陵　名峻，漢長安人，少著清節，終身不仕。卒於岍，岍人為立祠，號曰阡君。

《作者傳略》

司馬遷，字子長，夏陽人。博學多聞，父談為太史令，遷繼父業。與李陵善陵降匈奴，武帝怒甚，遷極言陵忠，因下腐刑，乃抽金匱石室之書，作史記百三十篇，傳於世。

遺蓋寬饒㈠書

漢書蓋寬饒傳

漢 王 生

明主知君絜白公正，不畏彊禦，故命君以司察㈡之位，擅君以奉使㈢之權，尊官厚祿，已施於君矣。君宜夙夜惟思當世之務，奉法宣化，憂勞天下，雖日有益，月有功，猶未足以稱職而報恩也。自古之治，三王之術，各有制度。今君不務循職而已，迺欲以太古久遠之事，匡拂天子，數進不用難聽之語，以摩切左右，非所以揚令名全壽命者也。方今用事之人，皆明習法令，言足以飾君之辭，文足以成君之過。君不惟蘧氏㈣之高蹤，而慕子胥㈤之末行；用不訾㈥之軀，臨不測之險，竊爲君痛之！夫君子直而不挺，曲而不詘。大雅云：「既明且哲，以保其身。」㈦狂夫之言，聖人擇焉，唯裁省覽！

《提　要》

蓋寬饒事漢宣帝，官至司隸校尉，亢直敢言；然深刻，喜陷害人，又好言事刺譏，奸犯上意。王生高其節，非其行，因以書規之。寬饒不能用，後果下吏自刎死。

《注　釋》

㈠蓋寬饒　字次公，魏郡人。
㈡司察　司隸校尉，掌監察畿輔之職。
㈢奉使　寬饒嘗爲大中大夫，使行風俗。
㈣蘧氏　春秋衛大夫蘧伯玉。孔子謂其邦無道，則可卷而懷之。
㈤子胥　見范蠡爲書辭勾踐注。
㈥不訾　訾與貲同。不訾，言無貲量可以比之，貴重之極也。
㈦既明二句　見詩大雅烝民。

《作者傳略》

王生，漢宣帝時太子庶子。生平未詳。

與嚴延年㊀書

（漢書嚴延年傳）

漢　張　敞

昔韓盧㊁之取菟也，上觀下獲㊂，不甚多殺；願次卿少緩誅罰，思此仁術！

《提　要》

嚴延年爲河南太守，時用刑刻急，張敞素與友善，作書規之。

《注　釋》

㊀嚴延年　字次卿，漢下邳人。

㊁韓盧　戰國時韓氏之黑犬。

㊂上觀下獲　謂良犬之取免，仰觀主人之意而獲庶不妄殺也。

《作者傳略》

張敞，字子高，平陽人。宣帝時爲京兆尹，善於吏治，市無偷盜。後拜冀州刺史。元帝立，欲以爲左馮翊，會病卒。

答朱登遺蟹醬書

太平御覽卷四百七十八

漢 張 敞

藼伯玉㈠受孔子之賜以及其鄉人，敞謹分斯貺於三老尊行者，曷敢獨享之。

《提 要》

朱登爲東海相，遺敞蟹醬，敞報書云云。蟹醬，微物也，張敞猶不敢獨享，分贈三老尊行者，可知其愛民之深。

《注　釋》

㈠蘧伯玉　見王生遺蓋寬饒書注。

《作者傳略》

見前。

謝王鳳書

漢書谷永傳

漢　谷　永

永斗筲㊀之材，質薄學朽，無一日之雅，左右之介。將軍說其狂言，擢之皁衣之吏，廁之爭臣之末，不聽浸潤之譖，不食膚受之愬㊁。雖齊桓晉文，用士篤密，察父悊㊂兄，覆育子弟，誠無以加。昔豫子㊃吞炭壞形，以奉見異；齊客隕首公門，以報恩施㊄；知氏孟嘗㊅，猶有死士，何況將軍之門。

《提　要》

漢成帝時大將軍王鳳秉政，擢谷永為光祿大夫，永奏書謝之。

《注　釋》

㊀斗筲　喻器小也。

㈡浸潤二句　論語顏淵：「子曰：浸潤之譖，膚受之愬，不行焉，可謂明也已矣。」

㈢哲　智也。

㈣豫子　戰國豫讓，嘗吞炭爲啞，欲刺趙襄子，爲智伯復仇。

㈤齊客二句　戰國時齊舍人魏子，三收邑人，不與孟嘗君，孟嘗君怒之。魏子曰：「所得之粟，均假於賢者。」後齊湣王受讒，孟嘗出奔，魏子所與粟賢者，到官門自剄，以明孟嘗之心。

㈥知氏孟嘗　知氏即智伯；孟嘗，姓田，名文。

《作者傳略》

谷永，字子雲，長安人。博學經書，工筆札。累官至大司農，歲餘，病免，卒。

奏記蕭望之

漢書蕭望之傳

漢 鄭 朋

將軍體周召㊀之德。秉公綽㊁之質，有卞莊㊂之威；至乎耳順之年，履折衝之位，號至將軍，誠士之高致也！窟穴黎庶，莫不歡喜，咸曰：「將軍其人也！」今將軍規撫云，若管晏而休，遂行日仄至周召乃留乎？若管晏而休，則下走㊄將歸延陵之皐㊅，修農圃之疇，畜雞種黍，竢見二子㊃，没齒而已矣。如將軍昭然度行積思，塞邪枉之險蹊，宣中庸之常政，興周召之遺業，親日仄之兼聽，則下走其庶幾願竭區區，底厲鋒鍔，奉萬分之一。

《提 要》

漢元帝初，蕭望之爲前將軍，兼光祿勳，鄭朋欲附之，故上書云云。望之善其言，頗禮待之。

《注　釋》

㈠周召　謂周公旦與召公奭，俱周成王時賢相。

㈡公綽　即孟公綽，春秋魯大夫，爲人廉正寡欲。

㈢卞莊　即春秋魯卞邑大夫卞莊子，有勇力，嘗刺虎。

㈣若管晏二句　意謂望之立意當趣如管仲晏嬰而止歟？或過午猶不思食，欲恢廓其道，追周召之蹟而後已乎？

㈤下走　自謙之辭。

㈥延陵之皋　春秋吳公子札，食邑延陵，薄吳王之行，棄國而耕於皋澤。

㈦畜雞二句　意謂將隱居不出也。事本論語微子：子路遇丈人，以杖荷蓧，止子路宿，殺雞爲黍而食之，見其二子焉。明日以告孔子，孔子曰：「隱者也。」

《作者傳略》

鄭朋，會稽人，初元中侍詔金馬門，拜黃門郎。

手書報隗囂㈠

後漢書隗囂傳

後漢　劉　秀

慕樂德義，思相結納。昔文王三分，猶服事殷。但駑馬鉛㈡刀，不可强扶。數蒙伯樂㈢一顧之價，而蒼蠅之飛，不過數步，即託驥尾，得以絕羣。隔於盜賊，聲聞不數。

將軍操執款款，扶傾救危，南拒公孫㈣之兵，北禦羌胡之亂，是以馮異㈤西征，得以數千百人躑躅三輔㈥，微將軍之助，則咸陽㈦已爲他人禽矣。今關東寇賊，往往屯聚，志務廣遠，多所不暇，未能觀兵成都，與子陽㈧角力。如令子陽到漢中三輔，願因將軍兵馬，鼓旗相當。儻肯如言，蒙天之福，即智士計功割地之秋也。管仲曰：「生我者父母，成我者鮑子。」㈨自今以後，手書相聞，勿用傍人解構㈩之言。

《提要》

漢王莽末，隗囂據隴西。光武（劉秀）素問其風聲，報以殊禮。時呂鮪與公孫述通，寇三輔，囂遣兵佐征西大將軍馮異擊之，遣使上狀，光武因報以書。

《注釋》

㈠隗囂　字季孟。初附更始，旋事光武，後又叛附公孫述，光武西征，囂敗死。
㈡鈆　古鉛字。
㈢伯樂　姓孫，名陽，古之善相馬者。
㈣公孫　謂公孫述。述於天鳳中自立爲蜀王，據成都。
㈤馮異　字公孫，父城人。
㈥三輔　地名。漢以京兆左馮翊右扶風爲三輔，在今陜西境。
㈦咸陽　故城在今陜西長安縣東。
㈧子陽　公孫述字。
㈨鮑子　即鮑叔牙。
㈩解構　間構也。

《作者傳略》

劉秀，漢高祖九世孫。王莽篡漢，盜賊蠭起，秀起兵發難，大敗莽軍，旋即帝位，定都洛陽，是爲光武帝。先後討平赤眉公孫述隗囂等，天下大定；於是留心文學，重高節之士，刷新内政，漢室因以中興。在位三十三年，崩。

誡兄子書

後漢書馬援傳

後漢 馬 援

吾欲汝曹聞人過失，如聞父母之名，耳可得聞，而口不可得言也。好議論人長短，妄是非正法㊀，此吾所大惡也；寧死，不願聞子孫有此行也。汝曹知吾惡之甚矣，所以復言者，施衿結縭㊁，申父母之戒，欲使汝曹不忘之耳。

龍伯高㊂敦厚周慎，口無擇言，謙約節儉，廉公有威；吾愛之，重之，願汝曹效之。杜季良㊃豪俠好義，憂人之憂，樂人之樂，清濁無所失，父喪致客，數郡畢至；吾愛之，重之，不願汝曹效也。效伯高不得，猶爲謹勅之士；所謂刻鵠不成尚類鶩者也。效季良不得，陷爲天下輕薄子，所謂畫虎不成反類狗者也。

訖今季良尚未可知，郡將下車㊄輒切齒；州郡以爲言。吾常爲寒心，是以不願子孫效也。

《提　要》

馬援兄子嚴敦，並喜譏議，而通輕俠客，援自交阯遺書，舉龍伯高杜季良以示例，並以謹勑勿趨浮薄爲勗。

《注　釋》

㊀正法　正與政通，謂當時之政治法制也。

㊁施衿結縭　古禮：女子嫁時母親爲之施衿（佩也）結縭（覆首之巾），並致訓辭。

㊂龍伯高　名述，後漢人。

㊃杜季良　名保，後漢人。

㊄下車　官吏初到任曰下車。

《作者傳略》

馬援，字文淵，茂陵人。光武時累官拜伏波將軍，征交阯，立奇功。封新息侯，後討武陵五溪蠻，卒於軍，時年已八十餘。

出獄後與陰就書

馮曲陽集

後漢 馮衍

衍材素愚駑，行義污穢，外無鄉里之譽，內無汗馬之勞，猥蒙明府天覆之德，華寵重疊。間者掾史疑衍之罪，衆煦飄山，當爲灰土。賴蒙明察，揆其素行，復保首領。倍知厚德，篤於慈父，寖淫肌膚，滲漉骨髓，德重山嶽，澤深河海。

前送妻子還淄縣㈠，遭雨逢暑，以七月還至陽武㈡。聞詔捕諸王賓客，惶怖詣闕，冀先事自歸。十一日到，十二日上書，報歸田里，即日束手詣洛陽獄。十五日夜，詔書勿問，得出。遭雨，又疾大困。冀高世之德施以田子老馬㈢之惠，贈以秦穆駿馬㈣之恩，使長有依歸以效忠心。

《提　要》

馮衍為外戚陰就所重，常相交結。尋以光武帝懲西京外戚賓客得罪，嘗自詣獄。得赦後，遺書陰就，報告入獄經過，並有所請託。

《注　釋》

㈠淄縣　現今山東緇川縣。
㈡陽武　故城在今河南陽武縣東南。
㈢田子老馬　韓詩外傳：「田子方見老馬於道，喟然嘆曰：『少盡其力，老棄其身，仁者不為也！』」
㈣秦穆駿馬　昔秦穆公馬，為野人取食，穆公不僅不責，反賞以酒。明年伐晉，穆公被困，野人之嘗食馬肉者三百人，出而力與晉軍鬥，穆公得安然歸。事見呂氏春秋及史記。

《作者傳略》

馮衍，字敬通，杜陵人。幼有奇才，博通羣書。初事王莽將廉丹，後從劉玄，封立漢將軍，領狼孟長。劉玄沒，罷兵歸光武；光武嫌其後至，不用。後命爲曲陽令，尋遷司隸從事，以附陰就被廢，有曲陽集傳世。

與隗囂書

後漢書申屠剛傳

後漢 申屠剛

愚聞專己者孤，拒諫者塞；孤塞之政，亡國之風也。雖有明聖之姿，猶屈己從衆，故慮無遺策，舉無過事。夫聖人不以獨見爲明，而以萬物爲心。順人者昌，逆人者亡，此古今之所共也。將軍以布衣爲鄉里所推，廊廟之計○，既不豫定，動軍發衆，又不深料今東方政教日睦，百姓平安，而西州發兵人人懷憂，騷動惶懼，莫敢正言，羣衆疑惑，人懷顧望，非徒無精銳之心，其患無所不至。夫物窮則變生，事急則計易，其勢然也。夫辭道德，逆人情，而能有國有家者，古今未有也。將軍素以忠孝顯聞，是以士大夫不遠千里，慕樂德義。今苟欲決意徼幸，此何如哉！夫天所祐者順，人所助者信。如未蒙祐助，令小人受塗地之禍，毀壞終身之德，敗亂君臣之節，污傷父子之恩○，衆賢破膽，可不慎哉！

《提　要》

王莽篡位，申屠剛避地河西巴蜀間。建武七年，詔書徵剛，將歸時，聞隗囂據隴石，欲背漢而附公孫述，因作書勸勿妄動。囂不聽，卒致敗亡。

《注　釋》

㊀廊廟之計　古者，國事必先謀於廊廟之所。廊，殿下屋；廟，太廟也。

㊁敗亂二句　謂囂不從光武，是亂君臣之節。囂嘗遣子恂人質，後背信妄動，是傷父子之恩。

《作者傳略》

申屠剛，巨卿，茂陵人。質性方直，常慕史鰌、汲黯之爲人。建武中，徵拜尚書令，以數諫逆旨，終大中大夫。

報父弟妻子

後漢書邳彤傳

後漢 邳 彤

事君者不得顧家。彤親屬所以至今得安於信都㈠者，劉公㈡之恩也；公方爭國事，彤不得復念私也。

《提 要》

西漢末，邳彤事光武爲和成太守，奉命討王郎。郎所置信都王，捕繫彤父弟及妻子，使爲手書招彤降。彤以國事重於私愛，不從，涕泣以報。會更始拔信都，郎敗走，彤家屬竟得全。

《注 釋》

㈠信都 即今河北冀縣。

〔一〕劉公　謂光武帝。

《作者傳略》

邳彤，字偉君，信都人。初為王莽和成縣卒正，旋舉城歸光武，累功封靈壽侯，行大司空事。

戒衞尉馬廖書
後漢書楊終傳

後漢 楊 終

終聞堯舜之民，可比屋而封；桀紂之民，可比屋而誅。何者？堯舜爲之隄防，桀紂示之驕奢故也。詩曰：「皎皎練絲，在所染之。」上智下愚，謂之不移；中庸之流，要在教化。春秋殺太子母弟直稱君，甚惡之者，坐失教㊀也。禮制，人君之子年八歲，爲置少傅，教之書計，以開其明；十五置太傅，教之經典，以道其志。漢興，諸侯王不力教誨，多觸禁忌，故有亡國之禍，而乏嘉善之稱。今君位地尊重，海內所望，豈可不臨深履薄，以爲至戒。黃門郎㊁年幼，血氣方盛，既無長君㊂退讓之風，而要結輕狡無行之客；縱而莫誨，視成任性，鑒念前世，可爲寒心，君侯誠宜以臨深履薄爲戒。

《提要》

章帝時，太后兄衞尉馬廖，謹篤自守，不訓諸子。楊終與廖善，以書戒之。廖不納，子豫，後坐縣書誹謗，廖以就國。

《注釋》

㈠春秋四句　春秋左傳僖公五：「晉侯殺其世子申生。」公羊傳曰：「曷爲直稱晉侯以殺？殺世子母弟。直稱君者，重之也。」

㈡黃門郎　廖子防及光，俱爲黃門郎。

㈢長君　漢文帝竇后兄長君，弟廣國（字少君），兩人所出微。絳灌等選長者之有節行者與之居，長君少君由此爲退讓君子，不敢以富驕人。

《作者傳略》

楊終，字子山，成都人。少習春秋。明帝時拜校書郎，後坐事被黜。永元中徵拜郎中，卒。有春秋外傳十二篇，改定章句十五萬言。

責諸尚書

後漢書陳蕃傳

後漢 陳 蕃

古人立節，事亡如存㈠。今帝祚未立，政事日蹙，諸君奈何委荼蓼㈡之苦，息偃在牀！於義不足，焉得仁乎！

《提 要》

恆帝崩，國嗣未立，諸尚書畏懼權官，託病不朝。時陳蕃爲太傅，錄尚書事，以書責之。諸尚書惶怖，皆起視事。

《注 釋》

㈠事亡如存 謂人主雖亡，法度猶存，當繼續行之。

㈡荼蓼 均毒草，喻處境之苦辛。

《作者傳略》

陳蕃，字仲舉，平輿人。幼有大志，累官大中大夫，代楊秉爲太尉，以坐救李膺免。竇后臨朝，以蕃爲太傅，封高陽侯。爲人方峻疾惡，高潔之士爭歸之。後以與竇武謀誅宦官曹節等事泄，爲節等矯詔所殺。

遺矯仲彥書

後漢書矯慎傳

後漢　吳　蒼

仲彥足下：勤處隱約，雖乘雲行泥，棲宿不同，每有西風，㊀何嘗不歎。蓋聞黃老㊁之言，乘虛入冥，藏身遠遯，亦有理國養人，施於爲政。至如登山絕跡，神不著其證，人不覩其驗，吾欲先生從其可者，于意何如？昔伊尹不懷道以待堯舜之君。方今明明，四海開闢，巢由㊂無爲箕山，夷齊㊃悔入首陽，足下審能騎龍弄鳳㊄，翔嬉雲間者，亦非狐兔燕雀所敢謀也。

《提　要》

扶風矯慎少學黃老，隱遯山谷，汝南吳蒼重其才，遺書以觀其志。慎不答。

《注　釋》

㈠西風　汝南在扶風之東，故曰西風。

㈡黃老　謂黃帝與老子也。俗以黃老爲道家之祖。

㈢巢由　巢父許由，俱上古時隱士，堯以天下讓之，不應，遯於箕山之下。

㈣夷齊　殷孤竹君之子伯夷叔齊，恥食周粟，隱於首陽山，餓死。

㈤騎龍弄鳳　相傳古有陶安公騎龍昇天。簫史與秦穆公女弄玉，隨鳳凰仙去。

《作者傳略》

吳蒼，汝南人。生平未詳。

與黃瓊㊀書

後漢書黃瓊傳

後漢 李 固

聞已度伊洛㊁，近在萬歲亭㊂，豈即事有漸，將順王命乎？蓋君子謂伯夷隘，柳下惠不恭㊃，故傳曰：「不夷不惠可否之間。」蓋聖賢居身之所珍也。誠遂欲枕山棲谷，擬迹巢由㊄，斯則可矣。若當輔政濟民，今其時也。自生民以來，善政少而亂俗多，必待堯舜之君，此爲志士終無時矣。常聞語曰：「嶢嶢者易缺，皦皦者易汙。」陽春㊅之曲，和者必寡；盛名之下，其實難副。近魯陽樊君，㊆被徵初至，朝廷設壇席，猶待神明，雖無大異，而言行所守，亦無所缺，而毀謗布流，應時折減者，豈非觀聽望源，聲名太盛乎？自頃徵聘之士，胡元安、薛孟常、朱仲昭、顧季鴻等，其功業皆無所採，是故俗論皆言處士純盜虛聲。願先生弘此遠謨，令衆人歎服，一雪此言耳。

《提要》

後漢永建中，徵處士黃瓊爲議郎。先是徵聘處士，多不稱望，李固素慕於瓊，乃先作此書勉之。

《注釋》

㈠黃瓊　字世英，安陸人，順帝時爲議郎，累官至司空。

㈡伊洛　二水名，皆在今河南省。

㈢萬歲亭　在河南登封縣。

㈣伯夷二句　孟子：「伯夷隘，柳下惠不恭；隘與不恭，君子不由也。」伯夷，見前篇注。柳下惠，春秋魯之賢士。

㈤巢田　見前篇注。

㈥陽春　古歌曲名。宋玉對楚王問：「其爲陽春白雪，國中屬而和者，不過數十人，……其曲彌高，其和彌寡。」

㈦樊君　即樊英，魯陽人。

《作者傳略》

李固，字子堅，南鄭人。少好學，又好結天下英賢。陽嘉二年，公卿舉固對策，順帝多所採納。以爲議郎。沖帝時，進太尉。及質帝被梁冀所弒，固與杜喬等欲立清河王蒜，梁冀因誣固下獄，與二子並死獄中。

臨終與胡廣趙戒書

後漢書李固傳

後漢　李　固

固受國厚恩，是以竭其股肱，不顧死亡，志欲扶持王室，比隆文宣㈠；何圖一朝梁氏㈡迷謬，公等曲從，以吉爲凶，成事爲敗乎！漢家衰微，從此始矣！公等受主厚祿，顛而不扶，傾覆大事；後之良史，豈有所私！固身已矣，於義得矣，夫復何言！

《提　要》

梁冀弒質帝，李固與杜喬等欲立清河王蒜，冀不從，竟立桓帝，並誣固下獄遂見害。臨終遺書司徒胡廣，司空趙戒，責其不應曲從。

《注　釋》

㈠文宣　謂文帝宣帝，皆羣臣迎立，能興漢祚。
㈡梁氏　謂梁冀。

《作者傳略》

見前。

誡兄子書

藝文類聚卷二十三

後漢 張 奐

汝曹薄祐，早失賢父，財單藝盡。今適喘息，聞仲祉輕傲耆老，侮狎同年，極口恣意當崇長幼，以禮自持。聞敦煌㈠有人來，同聲相道，皆稱叔時寬仁，聞之喜而且悲，——喜叔時得美稱，悲汝得惡論。經言孔于鄉黨，恂恂如也㈡。恂恂者，恭謙之貌也。經難知，且自以汝資父爲師；汝父寧輕鄉里耶？年少多失，改之爲貴。蘧伯玉年五十，見四十九年㈢非。但能改之，不可不思吾言。不自克責，反云：「張甲謗我，李乙怨我，我是無過。」爾亦已矣！

《提 要》

張奐誡兄子仲祉。先引叔時相比擬，繼則誡以處世必恭謙，有過必知改。

《注　釋》

㈠敦煌　漢郡名，故治即今甘肅敦煌縣。按張奐原籍在敦煌酒泉縣。

㈡經言二句　論語鄉黨：「孔子於鄉黨，恂恂如也。」

㈢蘧伯玉二句　見淮南子。

《作者傳略》

張奐，字然明。初舉賢良對策第一，遷安定屬都尉。後遷護匈奴中郎將。匈奴聞奐至，相率來降。未達時嘗與士友言曰：「大丈夫處世，當爲國家立功邊境。」及至將帥，果有勳名。董卓慕之，遺縑百匹，絕而不受。靈帝初，遷大司農，以事爲王寓所忌，遭黨錮，放歸田里。

追謝趙壹書

後漢書趙壹傳

後漢 皇甫規

蹉跌不面，企德懷風，虛心委質，爲日久矣。側聞仁者愍其區區，冀承清誨，以釋遙悚。今旦外白有一尉兩計吏，不道屈尊門下，更啓乃知已去。如印綬可投，夜豈待旦？惟君明叡，平㊀其夙心，寧當慢傲，加於所天㊁。事在悖惑，不足具責。儻可原察，追修前好，則何福如之！謹遣主簿奉書。下筆氣結，汗流竟趾。

《提 要》

趙壹才智過人，名動京師，士夫莫不望其風采。嘗道經弘農，過侯太守皇甫規，門者不即通，壹遂遁去。門吏懼以白規。規聞壹名，大驚，追書謝之。

《注　釋》

㈠平　恕也。

㈡所天　尊敬之辭；謂趙壹也。

《作者傳略》

皇甫規，字威明，朝威人。少有兵略，羌衆攻繞隴西，嘗上疏自效，不用。舉賢良方正對策，爲梁冀所忌，幾陷死者再三。後梁冀誅，徵拜太山太守，累官至尚書，遷弘農太守，再轉護羌校尉，卒於穀城。

報皇甫規書（後漢書趙壹傳）

後漢 趙 壹

君學成師範，縉紳歸慕，仰高希驥，歷年滋多。旋轅兼道，渴於言侍，沐浴晨興，昧旦守門。實望仁兄昭其懸遲，以貴下賤，握髮㊀垂接，高可敷玩墳㊁典；起發聖意，下則抗論當世，消弭時災。豈悟君子自生怠倦，失恂恂善誘之德，同亡國驕惰之志。蓋「見幾而作，不俟終日㊂」，是以夙退自引，畏使君勞㊃。昔人或歷說而不遇，或思士而無從，皆歸之於天，不尤於物；今壹自譴而已，豈敢有猜。仁君忽一匹夫，於德何損，而遠辱手筆，追路相尋，誠足愧也！壹之區區，曷云量已，其嗟可去，謝也可食㊄，誠則頑薄，實識其趣。但關節疢動，膝灸壞潰，請俟它日，乃奉其情。輒誦來貺，永以自慰。

《提要》

皇甫規追謝趙壹，壹以其疏怠，僅報以書，竟去不顧；其生性倨傲若是，無怪爲鄉里所歧視矣。

《注釋》

㈠握髮　周公嘗一沐三握髮，以待賢士。
㈡墳典　三墳五典，唐虞之書。
㈢見幾而作二句　見易繫辭。
㈣夙退自引二句　本出詩碩人：「大夫夙退，無使君勞。」
㈤其嗟二句　齊大飢，黔敖詔饑者曰：「嗟！來食。」其人曰：「余唯不食嗟來之食，以至於斯。」從而謝之，不食而死。曾子聞之曰：「其嗟也可去，其謝也可食。」事見禮記檀弓。

《作者傳略》

趙壹，字元叔，西縣人。少長於才，倨傲自恃，爲鄉里所歧視，嘗作窮鳥賦以自遣。後受知於羊陟袁逢，名動京師。十辟公府，並不就。有集二卷。

辭郡辟讓申屠蟠書

蔡中郎集

後漢　蔡　邕

申屠蟠稟氣玄妙，心敏性通，喪親盡禮，幾於毀滅，至行美誼，人所鮮能。安貧樂潛，味道守真，不爲燥溼輕重，不爲窮達易飾。方之於邕，以齒則長，以德則賢。

《提　要》

申屠蟠家貧，傭爲漆工，邕深重之及被州辟，乃辭讓之。

《注　釋》

㈠申屠蟠　字子龍，漢末處士。

《作者傳略》

蔡邕，字伯喈，陳留圉人。性至孝，好辭章，尤解音律，善鼓琴。建寧間，召拜郎中，校書東觀。後以附董卓，死於獄中。有獨斷及文集行世。

與劉伯宗絕交書

後漢書朱穆傳注

後漢 朱 穆

昔我爲豐㈠令，足下不遭母憂乎？親解縗絰，來入豐寺。及我爲侍書御史，足下親來入臺。足下今爲二千石㈡，我下爲郎，乃反因計吏以謁相與；足下豈丞尉之徒，我豈足下部民，欲以此謁爲榮寵乎！咄！劉伯宗！於仁義道，何其薄哉！

《提 要》

劉伯宗初頗受知於朱穆，及爲太守，位高於穆，遽忘舊情，待穆以下屬之禮。穆薄其行，作書與之絕交。

《注 釋》

㈠豐 即今江蘇豐縣。
㈡二千石 漢太守秩二千石。

《作者傳略》

朱穆，字公叔，南陽宛人。少有孝譽。及壯耽學。因感時俗澆薄，嘗作崇厚論、絕交論二文。官至尚書。以性素剛，不能得志，憤懣發疽卒。謚文忠。

重報妻書

藝文類聚卷三十二

後漢 秦嘉

車還空返，甚失所望。兼敍遠別悢悢之情，顧有悵然。間得此鏡，既明且好，形觀文彩，世所希有，意甚愛之，故以相與。並致寶釵一雙，價值千金。龍虎組履一緉。好香四種，各一斤。素琴一張，常所自彈也。明鏡可以鑒形，寶釵可以耀首，芳香可以馥身去穢，麝香可以辟惡氣，素琴可以娛耳。

《提要》

秦嘉與妻徐淑情好頗篤。嘉為郡上掾，淑以寢疾還家，不獲面別。嘉思之切，遣車往迎淑不至，因重報書並贈明鏡寶釵等物，以示情意。

《作者傳略》

秦嘉，字士會，隴西人。桓帝時仕郡，舉上計掾，入洛除黃門郎，病卒於津鄉亭。

報秦嘉書

藝文類聚卷三十二

後漢 徐 淑

既惠音令，兼賜諸物，厚顧慇勤，出於非望。鏡有文彩之麗，釵有殊異之觀，芳香既珍，素琴益好。惠異物於鄙陋，割所珍以相賜，非豐恩之厚，孰肯若斯！覽鏡執釵，情想髣髴；操琴詠詩，思心成結。敕以芳香馥身，喻以明鏡鑒形，此言過矣，未獲我心也。昔詩人有飛蓬㈠之感，班婕妤㈡有誰榮之嘆。素琴之作，當須君歸；明鏡之鑒，當待君還。未奉光儀，則寶釵不設也；未侍帷帳，則芳香不發也。

《提　要》

徐淑，受秦嘉贈物，作書以報；情深辭婉，具見用情之篤。

《注　釋》

㈠飛蓬　詩衛風伯兮：「首如飛蓬。」意謂婦人夫不在，無容飾也。

㈡班婕妤　漢成帝時女官。初頗得寵，後爲趙飛燕所譖，退處東宮，作賦自悼；有「君不御兮誰爲榮」之句。

《作者傳略》

徐淑，秦嘉妻，多才能文。嘉早亡，兄弟將嫁之，淑誓死守節，以哀慟過甚，卒。

爲誓書與兄弟

太平御覽卷四百四十一

後漢　徐　淑

蓋聞君子導人以德，矯俗以禮，是以列士有不移之志，貞女無迴二之行。淑雖婦人，竊慕殺身成義，死而後已。夙遘禍罰，喪其所天。男弱未冠，女幼未笄，是以僶俛求生，將欲長育二子，上奉祖宗之嗣，下繼祖禰之禮，然後覲于黃泉，永無慚色。仁兄德弟，既不能厲高節於弱志，發明德於闇昧，許我他人，逼我干上，乃命官人，訟之簡書。夫智者不可惑以事，仁者不可脅以死。晏嬰㈠不以白刃臨頸，改正直之辭；梁寡㈡不以毀形之痛，忘執節之義，高山景行，豈不思齊？計兄弟備託學門，不能匡我以道，博我以文，雖曰既學，吾謂之未也。

《提 要》

淑喪夫守寡，兄弟將奪其志，誓而不許，作書以明志。

《注 釋》

㈠晏嬰 春秋齊賢大夫，以能諫稱。

㈡梁寡 梁有寡婦，矢志不嫁，梁王悅其美色，使相往聘。梁寡割鼻毀容，嚴詞拒之。事見列女傳。

《作者傳略》

見前。

與郭叔都書

太平御覽卷六百三十一

後漢 荀 爽

陳季方㊀才德秀出，超世逸羣，金相玉質，文章虎變，終軍㊁賈誼㊂，誠無以加，宜遂貢之宰相，盛其龍光。鹽車之驥㊃，自非伯樂無以顯名。採光剖璞，以獨見寶，實爲足下利之。

《提　要》

荀爽薦陳諶於郭淑都。

《注　釋》

㊀陳季方　名諶，少有至德，與父實、兄紀，並著高名。

㊁終軍　漢濟南人。博辯能文。嘗詣闕請纓繫南越王。死時年僅二十餘。

㊂賈誼　漢洛陽人。年十八，以能詩文稱於郡。文帝時官至大中大夫。後爲大臣所忌，出爲長沙太傅，遷梁王太傅而卒。

㊃鹽車之驥　喻賢才屈於賤役。昔伯樂善相馬，嘗過虞坂，有騏驥伏鹽車下，見伯樂而長鳴。伯樂下車泣之，驥於是俛而噴，仰而鳴，聲聞於天。

《作者傳略》

荀爽，字慈明，潁陰人。少博學，有高節，時人爲之語曰：「荀氏八龍，慈明無雙。」後遭黨錮，避居海上。董卓聞其賢，徵之，欲遁不得：九十五日而至三公。旋與王允等共圖卓，會病卒。

復刺遺馬融㊀書

太平御覽卷六百

後漢　高　彪

伏聞高問，爲日久矣。冀一見寵光，敍腹心之願，以啓其蔽；不圖辭之以疾。昔周公父文王兄武王，九命作相，以尹華夏，猶握沐吐食，以接白屋之士，天下歸德，歷載邈矣；今君不能相見，宜哉！

《提　要》

高彪嘗詣大儒馬融，辭不見，因復刺其書，責其不能禮賢下士。融省，大愧，遣人辭謝。彪徑去，不肯還。

《注　釋》

㊀馬融　字季長，茂陵人。高才博士，爲世通儒。

《作者傳略》

高彪，字義方，無錫人。志尚甚高，遊太學郡舉孝廉，試經第一，除郎中。校書東觀。後爲內黃令。有集二卷。

與荀彧書（魏武帝集）

後漢 曹 操

郭奉孝，年不滿四十，相與周旋十一年，阻險艱難，皆共罹之。又以其通達見世事，無所疑滯，欲以後事屬之，何意卒爾失之，悲痛傷心。今表增其子滿千戶，然何益亡者追念之感深。且奉孝乃知孤者也，天下人相知者少，又以此痛惜，奈何！奈何！

《提 要》

郭嘉深通籌略，曹操表爲司空軍祭酒，屢從征伐有功。及死，操如失左右，倍極傷悼，嘗與荀彧二書，述其追悼之意，此其一也。

《注　釋》

㈠奉孝　郭嘉字。

《作者傳略》

曹操，一名吉利，字孟德，小字阿瞞。少機警，任俠放蕩。年二十，舉孝廉爲郎，累遷濟南相。嘗散家財合義兵討董卓，建安中進位丞相，加九錫，封魏王，卒諡武，黃初初追尊武帝，廟號太祖。

答曹公書（古苑）

後漢 楊 彪

彪白：雅顧隆篤，每蒙接納，私自光慰。小兒頑鹵，謬見采錄，不能期效，以報所愛。方今軍征未暇，其備位匡政，當與戮力一心，而寬玩自稽，將違法制。相子之行㈠，莫若其父，恆慮小兒必致傾敗。足下恩恕，延罪迄今。聞慰之日，心腸酷裂，凡人情誰能不爾！深惟其失，用以自釋。所惠馬及雜物。自非親舊，孰能至斯；省覽衆賜，益以悲懼。

《提　要》

楊彪子脩爲曹操主簿。操忌其才；又以脩爲袁術之甥，恐有後患，託夢誅之；因遺書與彪，數脩之罪，並贈牛馬及雜物多種，以慰其心。彪以權勢不敵，忍痛作報。書中雖自認其子之過，悼痛之情，溢於言表，可見其時曹操勢燄之燬。

《注　釋》

㈠相子之行　謂父察驗其子之行爲也。

《作者傳略》

楊彪，字文先，華陰人。獻帝時拜太尉，以與董卓意不合，免官。卓死，復爲太尉。曹操忌之，誣以大逆，孔融力救得免。曹丕篡位，仍欲拜爲太尉，固辭，乃賜以几杖，待以賓禮。

與王朗書

三國魏志王朗傳注

後漢　孔　融

世路隔塞，情問斷絕，感懷增思。前見章表，知尋湯武罪己之迹，自投東裔，同鯀之罰㈠；覽省未周，涕隕潸然。主上寬仁，貴德宥過；曹公輔政，思賢並立，策書屢下，殷勤款至。知櫂舟浮海，息駕廣陵㈡，不意黃能㈢突出羽淵也。談笑有期，勉行自愛！

《提　要》

後漢末，王朗爲會稽太守。孫策渡江略地，朗舉兵拒之，敗走。旋詣策，策以其爲雅孺，詰讓而不害，留置曲阿。曹操知其能，表徵之。被徵未至時，孔融作書以進。

《注　釋》

㈠知尋三句　謂朗兵敗詣孫策事。

㈡廣陵　後漢郡名，故城在今江蘇江都縣。

㈢黃能　亦作黃熊，三足鼈也。左傳昭七年：「昔堯殛鯀於羽山，其神化爲黃熊，而入于羽淵。」按羽淵在今江蘇東海縣西北。

《作者傳略》

孔融，字文舉，魯國人，爲孔子後裔。少慧，好學多覽，爲建安七子之一。獻帝時官北海相，遷大中大夫。後爲曹操所忌，被誣殺，並戮其妻子。所著文，頗爲當世所重，今有孔北海集行世。

喻邴原書

三國魏志原傳注

後漢 孔 融

修性保貞，清虛守高，危邦不入，久潛樂土。王室多難，西遷鎬京㈠。聖朝勞謙，疇咨儁乂。我徂求定㈡，策命懇惻。國之將隕，嫠不恤緯；家之將亡，緹縈㈢跋涉。彼匹婦也，猶執此義，實望根矩，仁爲己任，授手援溺，振民於難。乃或晏晏居息，莫我肯顧，謂之君子，固如此乎！根矩，根矩！可以來矣！

《提 要》

邴原，字根矩，後漢末，隱居鬱州山中。郡舉有道，孔融以書喻之。原得書，遂出而至遼東。後歸曹操，歷官五官將長史。

《注　釋》

㈠王室二句　謂董卓劫車駕遷長安事。

㈡我徂求定　詩周頌賚：「我徂惟求定。」

㈢緹縈　漢文帝時孝女，父淳于意有罪當刑，女請爲官婢贖之。帝憫其意，爲除肉刑法。

《作者傳略》

見前。

與王匡書

三國魏志袁紹傳注

後漢 胡母班

自古以來，未有下土諸侯，舉兵向京師者。案劉向傳㊀曰：「擲鼠忌器。」器猶忌之，況卓今處宮闕之內，以天子爲藩屏；幼主㊁在宮，如何可討？僕與太傅馬公㊂，太僕趙岐，少府陰修，俱奉詔命。關東諸郡，雖實嫉卓，猶以銜奉王命，不敢玷辱，而足下獨囚僕於獄，期以釁鼓㊃，此悖暴無道之甚者也。僕與董卓，有何親戚，義豈同惡？而足下張狼虎之口，吐長蛇之毒，恚卓遷怒，何甚酷哉！

死者人之所難，然恥爲狂夫所害，若亡者有靈，當訴足下於皇天。夫婚姻者，禍福之機，今日著矣。曩爲一體，今爲血讎。亡人㊄子二人，則君之甥，身沒之後，慎勿令臨僕尸骸也！

《提　要》

後漢末，山東兵起，董卓使胡母班說解袁紹等諸軍。班之妹丈王匡受紹旨，收班繫獄，欲殺之以殉軍，班作書痛責之，遂死於獄。

《注　釋》

㈠劉向傳　見漢書。
㈡幼主　謂漢獻帝。帝即位時，年纔九歲。
㈢馬公　即馬日磾。
㈣釁鼓　古者臨戰時，必殺牲以祭，塗血於鼓。
㈤亡人　胡母班自稱。

《作者傳略》

胡母班，字季皮，太山人。少與山陽、度尚等八人並輕財赴義，振濟人士，世謂之八廚。官至執金吾。

與董卓書（後漢書蓋勳傳）

後漢　蓋　勳

昔伊尹霍光㈠，權以立功，猶可寒心，足下小醜，何以終此！賀者在門，弔者在閭㈡，可不慎哉！

《提　要》

漢靈帝崩，董卓廢少帝，弒何太后，蓋勳作書痛責之。

《注　釋》

㈠伊尹霍光　見曹操與王芬書注。

㈡賀者在門二句　見荀子。

《作者傳略》

蓋勳，字元固，廣至人。性亢直，初舉孝廉，爲漢陽長。中平中，徵拜討虜校尉，遷京兆尹。董卓亂政，頗懼勳，徵爲議郎；然內厭於卓，不得意，疽發背卒。

報曹公書（後漢記）

後漢 荀彧

紹聚衆官渡㊀欲與公決勝負。公以至弱當至彊，若不制，必爲所乘，是天下之大機也。且紹布衣之雄，能聚人而不能用也。以公神武明哲，而奉以大順，何向而不濟？今軍食雖少，未若楚漢㊁在滎陽成皋間也。是時劉項莫肯先退者，以爲先退則勢屈也。公以十分居一㊂之衆，畫地而守之，扼其喉而不能進，已半年矣。情見勢竭，必將有變，此用奇之時，不可失也。

《提要》

曹操與袁紹戰，雖勝而糧盡，書與荀彧議，欲還許以致紹師。彧報書勸其堅守。後果以奇兵破紹。

《注　釋》

㈠官渡　在今河南中牟縣東北，即秦漢時之鴻溝。
㈡楚漢　秦末，漢高祖（劉邦）與楚項羽戰於滎陽成皋間，相持不決。後羽請以鴻溝爲界，退兵，高祖遂乘機擊敗之。
㈢十分居一　言與紹軍衆寡懸殊。

《作者傳略》

荀彧，字文若，潁陰人。建安初爲奮武司馬，頗爲曹操所倚重，積功封萬歲亭侯。後以董昭等欲進操爵爲魏公，或出而勸阻，爲操所忌。會征孫權，隨軍至濡須，得病，操饋以空器，遂飲藥卒。諡曰敬侯，魏咸熹末，進贈太尉。

留書與袁術㈠

三國魏志張邈傳注

後漢　呂　布

足下恃軍強盛，常言猛將武士，欲相吞滅，每抑止之耳。布雖無勇，虎步淮南，一時之間，足下鼠竄壽春㈡，無出頭者；猛將武士，爲患何在？足下喜爲大言以誣天下，天下之人，安可盡誣！古者兵交，使在其間，造策者，非布先唱也相去不遠，可復相聞。

《提　要》

呂布嘗合韓暹、楊奉二軍擊袁術，大捷而還。既渡淮北，留書與術。布有勇而驕，觀此書，可以信矣。

《注　釋》

㈠袁術　字公路，汝陽人。獻帝時據壽春，領揚州牧，僭帝號。後走青州，爲劉備所擊，復還壽春而死。

㈡壽春　即今安徽壽縣。

《作者傳略》

呂布，字奉先，九原人。初事丁原，尋殺原事董卓，後又殺卓，以功進奮威將軍，封溫侯。旋爲卓餘黨所敗，往依袁術，復投袁紹。建安初，據下邳，自稱徐州刺史，拜東平將軍，封平陶侯，後爲曹操所敗，縊殺之。

答袁術書

三國魏志袁術傳

後漢 陳 珪

昔秦末世，肆暴恣情，虐流天下，毒被生民，下不堪命，故遂土崩。今雖季世，未有亡秦苛暴之亂也。曹將軍㊀神武應期，興復典刑㊁，將撥平凶慝㊂，清定海內，信有徵矣。以爲足下當戮力同心，匡翼㊃漢室；而陰謀不軌，以身試禍，豈不痛哉！若迷而知反，尚可以免。吾備舊知，故陳至情，雖逆於耳，肉骨之惠㊄也。欲吾營私阿附，有犯死不能也。

《提 要》

後漢末葉，羣雄蠭起。袁術據楊州，有異謀，遺書招致陳珪。珪以漢雖寖衰。未如秦之恐暴，不可遽言革命拒之；其出處不苟如此，可以見其志節矣。

《注　釋》

㈠曹將軍　指曹操。其時曹操爲大將軍。

㈡典刑　謂典章與法制。

㈢凶慝　凶惡奸邪之繼。

㈣匡翼　猶言擁護。

㈤肉骨之惠　起死人而肉白骨，極言施惠之深。

《作者傳略》

陳珪，字漢瑜，下邳人。舉孝廉，除劇令，去官，舉茂才，遷濟北相，再遷沛相。珪少與袁術游，術蓄異志，故遺書欲致之。

與竇玄㊀書

藝文類聚卷三十

後漢 竇玄妻

棄妻斥女㊁敬白竇生。卑賤鄙陋，不如貴人。妾日已遠，彼日已親。何所告訴，仰呼蒼天。悲哉竇生！衣不厭新，人不厭故。悲不可忍，怨不自去。彼獨何人，而居我處！

《提要》

竇玄形貌絕異，天子以公主妻之，其舊妻因遺書作別。

《注釋》

㊀竇玄　字叔高，平陵人。

㊁斥女　謂被屏斥之女子也。

《作者傳略》

姓氏未詳。

【三國】

與吳質㈠書 魏文帝集

三國魏 曹丕

五月二十八日丕白：季重無恙塗路雖局㈡，官守有限，願言之懷，良不可任。足下所治㈢僻左，書問致簡，益用增勞。

每念昔日南皮㈣之游，誠不可忘。既妙思六經，逍遙百氏。彈棊間設，終以博奕㈤。高談娛心，哀箏順耳。馳騖㈥北場，旅食南館。浮甘瓜於清泉，沈朱李於寒水。白日既匿，繼以朗月，同乘並載，以游後園。輿輪徐動，賓㈦從無聲，清風夜起，悲笳微吟。樂往哀來，愴然傷懷。余顧而言，斯樂難常。足下之徒，咸以爲然。今果分別，各在一方。元瑜㈧長逝，化爲異物。每一念至，何時可言！

方今蕤賓紀時，景風扇物，天意和暖，衆果具繁。時駕而遊，北遵河曲，從者鳴笳以啓路，文學託乘於後車，節同時異，物是人非，我勞如何！今遣騎到鄴㈨，故使枉道相過行矣自愛！丕白。

《提　要》

吳質爲朝歌長，遷元城令，曹操西征，曹丕南在孟津小城，與質書追敘舊情，辭美情摯，絕無貴族習氣。

《注　釋》

㈠吳質　字季重，南皮人。才學通博，與曹丕交誼頗厚。

㈡局　近也。

㈢治　一本作理。

㈣南皮　即河北南皮縣。

㈤博奕　一本作六博。

㈥馳騖　一本作馳騁。

㈦賓　一本作參。
㈧元瑜　即阮瑀，與曹丕、曹植皆好文學，與之友善。
㈨鄴　漢縣名，在今河南臨澤縣。

《作者傳略》

曹丕，字子桓，曹操之子。操死，嗣父爲丞相魏王。建安末，廢獻帝自立，是爲魏文帝。丕好文學，禮重文人，有文集行世。

與吳監書（魏文帝集）

三國魏　曹　丕

中國珍果甚多，且復爲說蒲萄。當其朱夏涉秋，尚有餘暑，醉酒宿酲，掩露而食，甘而不餶㈠，脆而不酸，冷而不寒；味長汁多，除煩解倦。又釀以爲酒，甘於麴糵，㈡善醉而易醒。道之固以流羕㈢咽嗌㈣，況親食之邪！南方有橘，酢㈤

正裂人牙，時有甜耳。即遠方之果，寧有匹者乎？

《提　要》

曹丕與吳監，論蒲萄之美，非他果所能及。

《注　釋》

㈠餶　榮絹切，厭也。

㈡麴蘖　所以釀酒之物，亦謂之酒母。

㈢湺　徐連切，口液也。

㈣嗌　音益，咽也。

㈤酢　醋之本字，酸也。

《作者傳略》

見前。

與王朗㊀書

三國魏志文帝紀注

三國魏　曹　丕

生有七尺之形，死爲一棺之土；惟立德揚名，可以不朽，其次莫如著篇籍。疫癘數起，士人彫落，余獨何人，能全其壽。故論撰所著典論詩賦蓋百餘篇，集諸儒於肅城門內，講論大義，侃侃無倦。

《提　要》

曹丕在東宮時，疫癘大起，死亡甚多。丕稱感嘆，因與素所敬者大理王朗書，論人生短暫，不立德揚名，亦當勤著作以垂後世，其好學也如此。

《注　釋》

㊀王朗　字景興。漢末爲大理人，入魏，累官司空封樂平鄉侯。性嚴正，高才博

學，極爲文帝所重。

《作者傳略》

見前。

答張紘書 陳記室集

三國魏 陳　琳

自僕在河北，與天下隔。此間率少於文章，易爲雄伯，故使僕受此過差之譚，非其實也。今景興㈠在此，足下與子布㈡在彼，所謂小巫見大巫，神氣盡矣。

《提　要》

張紘見陳琳所作武軍賦，應機論，遺書贊美，琳因裁答謙謝。

《注　釋》

㈠張紘　字子綱，廣陵人。孫策創業，與張昭並爲參謀。後輔孫權，權頗倚重之。

㈡景興　王朗字。參閱上篇注。

㈢子布　張昭字。昭博學通春秋。初事孫策，及孫權立，拜輔吳將軍，封婁侯。

《作者傳略》

陳琳，字孔璋，廣陵人。善詩文，爲建安七子之一。初事袁紹，嘗作檄罵曹操。其時操頭風疾發，讀琳檄，翕然而起，曰：「此愈我病！」及紹敗，歸操，辟爲軍謀祭酒，典記室；後徙門下督，病卒。有陳記室集。

答東阿王㈠牋 陳記室集

三國魏　陳琳

琳死罪！死罪！昨加恩辱命，並示龜賦；披覽粲然。君侯體高世之林，秉青萍、干將㈡之器，拂鐘無聲，㈢應機立斷，此乃天然異稟，非鑽仰㈣者所庶幾也。音義既遠，清辭妙句，焱絕煥炳。譬猶飛兔流星㈤，超山越海，龍驥所不敢追，況於駑馬，可得齊足！夫聽白雪之音，觀綠水之節，然後東野巴人，蚩鄙益著，㈥載笑載歡，欲罷不能。謹韞櫝㈦玩耽，以爲吟頌。琳死罪死罪！

《提　要》

曹植以所著龜賦示陳琳，琳報書致謝，並盛稱其文。

《注　釋》

㈠東阿王　即曹操第三子植，植於太和三年，封東阿。

㈡青萍干將　均古之名劍。

㈢拂鐘無聲　說苑：「西閭過曰：『干將莫邪，拂鐘不錚，試物不知。』」

㈣鑽仰　論語：「顏淵曰：『仰之彌高，鑽之彌堅。』」

㈤飛兔流星　飛兔，古之駿馬。流星，言疾也。

㈥夫聽四句　宋玉對楚王問：「客有歌於郢中者，其始曰下里巴人，國中屬而和者數千人。……其爲陽春白雪，國中屬而和者，不達數十人，……是以其曲彌高，其和彌寡。」綠水，古詩也。

㈦韞櫝　論語子罕：「有美玉於斯，韞匵而藏諸。」

《作者傳略》

見前。

誡子書

藝文類聚之二十三

三國魏 王　修

自汝行之後，恨恨不樂；何哉？我實老矣，所恃汝等也，皆不在目前，意遑遑也。

人之居世，忽去便過。日月可愛也，故禹不愛尺璧而愛寸陰。時過不可遂，若年大不可少也。欲汝早之，未必讀書，並學作人。汝今踰郡縣，越山河，離兄弟，去妻子者，欲令見舉動之宜，效高人遠節，聞一得三，志在善人，左右不可不慎。善否之要，在此際也。行止與人，務在饒之。言思乃出，行詳乃動，皆用情實道理；違之敗矣，父欲令子善，唯不能殺身，其餘無惜也。

《提　要》

王修誡子，先以惜陰相勗，次示接物勵己之道。末三句，述為人父者愛子之切，尤易使讀者感動。

《作者傳略》

王修，字叔治，營陵人。七歲喪母，哀念不置，鄰里爲之感動。及壯，事袁紹，爲即墨令，後歸曹操，累遷至大司農郎中將。後徙奉常卒。

戒弟緯

三國魏志劉廙傳注

三國魏 劉　廙

夫交友之美，在於得賢，不可不詳。而世之交者，不審擇人，務合黨衆，違先聖人交友之義，此非厚己輔仁之謂也。吾觀魏諷㊀，不修德行，而專以鳩合爲務，華而不實，此直攪世沽名者也。卿其慎之，勿復與通！

《提　要》

劉廙弟偉與魏諷善。廙知諷有異志，作書與緯勸勿與游；偉勿從。後諷反，偉當坐誅，幸廙爲曹操所重，特宥不問。

《注　釋》

㊀魏諷　字子京，漢末爲西曹掾。嘗與陳禕共謀襲鄴攻曹操。未及期，禕

懼，告操，諷遂見害。

《作者傳略》

劉廙，字恭嗣，安衆人。初與兄望之共居荆州事袁紹，及望之爲紹所殺，廙乃奔揚州，歸曹操，爲丞相掾屬，賜五官將文學。曹丕即位，進侍中，賜爵關內侯。

答韓文憲書

太平御覽卷六百十四

三國魏　應　璩

昔公孫宏㊀皓首入學，顏涿聚㊁五十始涉師門。朝聞道夕殞，聖人所貴㊂。足下之年，甫在不惑，如以學藝，何晚之有?若能上追南容㊃忘食之樂，下踵甯子㊄黑夜之勤，窮文盡義，無微不綜，規富貴之榮，取金紫之爵，是夏侯勝㊅拾芥之謂也。

《提　要》

韓文憲四十而學，求教於應璩；璩報書勗之。

《注　釋》

㊀公孫宏　字季，漢薛人。家貧，牧豕海上。年四十餘，始學春秋雜説，後官至

丞相。

㈡顏涿聚　呂覽尊師：「顏涿聚梁父之大盜也，學於孔子。」

㈢朝聞二句　論語：「子曰：『朝聞道，夕死可矣。』」

㈣南容　即南宮括，孔子弟子。

㈤甯子　即甯越，戰國時人。呂覽博志：「甯越苦耕稼之勞，謂其友曰：『何爲而可以免此苦也？』其友曰：『莫如學，學三十歲則可以達矣。』甯越曰：『請以十五歲。人將休吾將不敢休，人將臥吾將不敢臥。』十五歲而周威公師之。」

㈥夏侯勝　字長公，漢魯人。勝嘗謂諸生曰：「士病不明經術；經術苟明，其取青紫，如俯拾地芥耳。」

《作者傳略》

應璩字休璉，汝南人，博學好屬文，善爲書記。仕魏官至侍中。曹爽專政，作事多違法度，璩嘗作百一詩以諷，語多切要。及卒，追贈衛尉。

與侍郎曹長思書（文選）

三國魏　應璩

璩白：足下去後，甚相思想。叔田㈠有無人之歌，闉闍有匪存之思。風人之作，豈虛也哉！

王肅㈢以宿德顯授，何曾㈣以後進見拔，皆鷹揚虎視，有萬里之望。薄援助者，不能追參於高妙，復斂翼於故枝，塊然獨處有離羣之志。汲黯㈤樂在郎署，何武㈥恥為宰相，千載揆之，知其有由也。德非陳平㈦，門無結駟之跡；學非揚雄㈧，堂無好事之客。才劣仲舒㈨，無下帷之思；家貧孟公㈢，無置酒之樂。悲風起於閨闥，紅塵蔽於机榻。幸有袁生，時步玉趾，樵蘇不爨，清談而已，有似周黨之過閔子㈡。夫皮朽者毛落，川涸者魚逝，春生者繁華，秋榮者零悴，自然之數，豈有恨哉！聊為大弟陳其苦懷耳。想還在近，故不益言。璩白。

《提要》

與曹長思述傺侘狀況，極言無援助之勢，無顯世之學，無交游之資；然稱得與袁生清談爲幸，則非熱中富貴可知；文亦傲兀不羣。

《注釋》

㈠叔田　詩鄭風叔于田：「叔于田，巷無居人。」謂共叔段出而田，若無人居矣；非實無人，雖有而不如叔之美而仁也。

㈡闉闍句　詩鄭風出其東門：「出其闉闍，有女如荼，匪我思且。」又：「雖則如雲，匪我思存。」

㈢王肅　三國魏王朗子，字子雍。黃初中，爲散騎黃門侍郎。

㈣何曾　字穎孝，三國時仕魏爲司徒，入晉，拜夫尉。

㈤汲黯　字長孺，漢時拜淮陽太守，不受，願爲中郎。

㈥何武　字君公，漢時爲大司空。

㈦陳平　漢陽武人。少家貧，好讀書，門外多長者車轍。後事高祖，以功封曲逆侯。

㈧揚雄　字子雲，漢之名儒。家貧嗜酒，時有好事者載酒肴從其遊學。

㈨仲舒　漢董仲舒以學春秋，孝景時爲博士，下帷講誦。

㈩孟公　漢陳遵字孟公。性嗜酒，嘗過寡婦左阿君，置酒歌謳，遵起舞跳梁樂之。

㈡有似句　太原閔貢與周黨相遇，含菽飲水，無菜茹也。見東觀漢記。

《作者傳略》

見前。

與司馬仲達㈠書

陳思王集

三國魏 曹植

今賊徒欲保江表之城，守區區之吳爾，無有爭雄於宇內，角勝於平原㈡之志也，故其俗蓋以洲渚爲營壁，江淮爲城塹而已。若可得挑致，則吾一旅之卒，足以敵之矣。蓋弋鳥者矯其矢，釣魚者理其綸，此皆度彼爲慮，因象設宜者也。今足下曾無矯矢理綸之謀，徒欲候其離舟，伺其登陸，乃圖并吳會㈢之地，收陳野之民，恐非主上授節將之心也。

《提　要》

曹植與司馬懿論兵，且譏其無謀。

《注　釋》

㈠司馬仲達　即司馬懿。

㈡平原　漢郡名，故治即今山東平原縣。

㈢吳會　即今江蘇吳縣。

《作者傳略》

曹植，字子建，曹操第三子，曹丕之弟，善屬文，頗爲操所鍾愛。丕忌之，屢欲加害，終以無詞可乘，不果。封於陳。每欲求見，幸冀試用，終不能得，悒鬱以卒，謚思王。植才華高曠，時人有「天下共有才十斗，子建獨有八斗」之語。今有曹子建集傳世。

奏記詣蔣公㈠ 文選

三國魏 阮籍

籍死罪死罪！伏惟明公以含一之德㈡，據上臺之位，羣英翹首，俊賢抗足。開府之日，人人自以爲掾屬；辟書始下，下走爲首。子夏處西河之上，而文侯擁篲㈢；鄒子居黍谷之陰，而昭王陪乘㈣。夫布衣窮居韋帶之士，王公大人所以屈體而下之者，爲道存也。籍無鄒卜之德而有其陋，猥見採擢，無以稱當，方將耕於東皋之陽，輸黍稷之稅，以避當塗者之路。負薪疲病，足力不强補吏之召，非所克堪，乞迴謬恩，以光清擧！

《提　要》

太尉蔣濟聞籍有才雋而辟之，籍以書辭。濟大怒，於是鄉親共喻之。籍乃就吏，旋即謝病歸。

《注　釋》

㈠蔣公　名濟，字子通，三國魏齊王時，官至太尉。

㈡含一之德　純一之德也。

㈢子夏二句　子夏姓卜名商，孔子弟子。嘗講學於西河，魏文帝擁篲師事之。

㈣鄒子二句　鄒衍，戰國齊人，燕昭王嘗築碣石宮師事之。相傳燕有谷，寒不生五穀，衍吹律暖之，而禾黍滋。陪乘，參乘也。

《作者傳略》

阮籍，字嗣宗，尉氏人，爲竹林七賢之一。容貌瓌傑，志氣宏放。博覽羣籍，尤好莊老。曹爽召爲參軍，以疾辭，司馬懿命爲從事中郎。封關內侯，徙散騎常侍。性嗜酒，時天下多故，遂酣飲爲常。司馬昭引爲大將軍，從事中郎。籍聞步兵廚善釀，求爲步兵校尉。景元中卒。今有阮步兵集行世。

與呂長悌絕交書

嵇中散集

三國魏　嵇康

康白：昔與足下年時相比，以故數面相親，足下篤意；遂成大好，由是許足下以至交，雖出處殊塗，而歡愛不衰也。及中間少知阿都志力開悟，每喜足下家復有此弟。而阿都去年向吾有言，誠忿足下，意欲發舉，吾深抑之；亦自恃每謂足下不足迫之，故從吾言；間令足下因其順親，蓋惜足下門戶，願令彼此無恙也。又足下許吾終不繫都，以子父六人爲誓，吾乃慨然感足下，重言慰解都，都遂釋然，不復興意。足下陰自阻疑，密表繫都，先首道服誣都，此爲都故信，吾又無言，何意足下包藏禍心㊀耶！都之含忍足下，實由吾言，今都獲罪，吾爲負之；吾之負都，由足下之負吾也，悵然失圖，復何言哉！若此，無心復與足下交矣！古之君子，絕交不出醜言，從此別矣！臨別恨恨！嵇康白。

《提　要》

呂巽（字長悌）初與嵇康頗友善，後巽與弟阿都不洽，陰謀害之，康以其不信不義，作書與之絕交。

《注　釋》

㈠包藏禍心　謂外示和平，陰藏害人之心也。

《作者傳略》

嵇康，字叔夜，譙國銍人，竹林七賢之一，早孤，遠邁不羣，恬靜寡欲，寬簡有大量。博覽無不該通，長好老莊之學。與魏宗室婚拜中散大夫，常修養性服食之事，彈琴詠詩，自足於懷。後以呂安事牽累下獄，鍾會又以私憾進讒，遂被誅。今有嵇中散集十卷行世。

戒司馬景王㈠書

三國魏志王基傳

三國魏 王 基

天下至廣，萬幾至猥。誠不可不矜矜業業，坐而待旦也。夫志正則衆邪不生，心靜則衆事不躁，思慮審定，則教令不煩，親用忠良則遠近協服。故知和遠在身，定衆在心。許允㈡傅嘏㈢袁侃㈣崔贊㈤皆一時正士，有直質而無流心，可與同政事者也。

《提　要》

司馬景王新統政，王基作書戒之，並舉許允等四人，使同政事。景王得書頗納其言。

《注　釋》

㈠司馬景王　即司馬師。
㈡許允　生平未詳。
㈢傅嘏　字蘭石，一字昭先，泥陽人。
㈣袁侃　字公然，扶樂人。
㈤崔贊　生平未詳。

《作者傳略》

王基字伯輿，曲城人。黃初中舉孝廉，除郎中。曹爽請為從事中郎，出為安豐太守，加討寇將軍。後平毋丘儉文欽。轉征東將軍都督揚州諸軍事，封東武侯。卒諡景。有新書五卷。

答杜微㊀書

諸葛丞相集

三國蜀 諸葛亮

曹丕篡弒，自立爲帝，是猶土龍芻狗㊁之有名也，欲與羣賢因其邪僞，以正道滅之。怪君未有相誨便欲求還於山野。丕又大興勞役，以向吳楚。今因丕多務，且以閉境勤農，育養民物，並治甲兵，以待其挫然後伐之，可使兵不戰，民不勞，而天下定也。君但當以德輔時耳；不責君軍事，何爲汲汲欲求去乎。

《提 要》

建興二年，諸葛亮領益州牧，選迎賢士秦宓杜微輩，微自乞病求歸，亮一再與書（此爲第二書）挽留，拜爲諫議大夫，以從其志。

《注 釋》

㊀杜微 字國輔，梓潼涪人。

㈡土龍芻狗　土龍，以土製成之龍，古時用之祈雨。芻狗，以草結成之狗，供祭時之用；祭終則棄之。

《作者傳略》

諸葛亮，字孔明，陽都人，少孤，避難荊州，躬耕隴畝。徐庶薦於劉備，三顧茅廬，始得見，遂出爲佐輔。劉備自立，以亮爲丞相。及卒，受遺詔輔後主。建興中，封武鄉侯，領益州牧，數出師伐魏，以疾卒於軍。亮有巧思，曾損益連弩，作木牛流馬，推演八陣圖，有諸葛丞相集

與李嚴㈠書　諸葛丞相集

三國蜀　諸葛亮

吾與足下相知久矣，可不復相解。足下方誨以光國，戒之以勿拘之道，是以未得默已。吾本東土下士，誤用於先帝㈡，位極人臣，祿賜百億。今討賊㈢未

效，知己未答，而方寵齊晉，坐自貴大，非其義也。若滅魏斬叡㈣，帝還故居，與諸子並升，雖十命可受，況於九耶！

《提　要》

先主卒，李嚴與諸葛亮並受遺詔輔少主。嚴嘗勸亮宜受九錫，進爵稱王，亮答拒之。亮一生忠君愛國，不以個人名利爲務，其辭進爵，固非一般沽名釣譽之徒可比。讀其簡末數語，可以知矣。

《注　釋》

㈠李嚴　字正方，南陽人。

㈡先帝　謂劉備。

㈢賊　指魏帝。

㈣叡　即魏明帝。

《作者傳略》

見前。

誡子書

諸葛丞相集

三國蜀 諸葛亮

夫君子之行，靜以修身，儉以養德，非澹泊無以明志，非寧靜無以致遠，夫學欲靜也，才欲學也，非學無以廣才，非靜無以成學。慆慢則不能研精，險躁㈠則不能理性，年與時馳，意與日去，遂成枯落，多不接世，悲守窮廬，將復何及。

《提　要》

諸葛亮誡子修身養德，以靜儉，力學爲要；尤應及時策勵，毋貽後悔。

《注 釋》

㈠險躁　邪惡而性急也。

《作者傳略》

見前。

誡外甥

諸葛丞相集

三國蜀 諸葛亮

夫志當存高遠，慕先賢，絕情欲，棄凝滯，使庶幾㈠之志，揭然有所存，惻然有所感。忍屈伸，去細碎，廣咨問，除嫌吝，雖有淹留，何損於美趣？何患於不濟？若志不彊毅，意不慷慨，徒碌碌滯於俗，默默束於情，永竄伏於凡庸，不免於下流矣。

《提　要》

諸葛亮誡外甥志宜高遠，並列舉慕賢、絕欲、棄滯、忍耐、去細碎、廣咨問、除嫌吝等立身要道。

《注　釋》

㈠庶幾　猶言大賢，本論語「回也其庶乎」之語。

《作者傳略》

見前。

與諸葛亮書

三國蜀志馬良傳

三國蜀　馬　良

聞雒城已拔，此天祚也。尊兄應期贊世，配業光國，魄兆見矣。夫變用雅慮，審貴垂明，於以簡才，宜適於時。若乃和光悅遠，邁德天壤，使時閑於聽，世服於道，齊高妙之音，正鄭衛之聲㈠，並利於事，無相奪倫，此乃管絃之至，牙曠㈡之調也，雖有鍾期㈢，敢不擊節！

《提　要》

先主入蜀，諸葛亮亦從後往，時馬良留荊州，與亮書，頌其措施得宜。

《注　釋》

㈠鄭衛之聲　春秋鄭衛二國多淫靡之聲。

㈡牙曠　伯牙、師曠，俱古之音樂家。

㈢鍾期　即鍾子期，知音律。伯牙鼓琴，志在高山流水，子期聽而知之。

《作者傳略》

馬良，字季常，宜城人。少有才名，爲鄉里所稱，先主辟爲從事，遷侍中。後從征吳，遇害。

與蜀太守許靖㈠書

三國蜀志彭羕傳

三國蜀 彭羕

昔高宗夢傅說㈡，周文求呂尚㈢，爰及漢祖，納食其於布衣㈣，此乃帝王之所以倡業垂統，緝熙厥功也。今明府稽古皇極，允執神靈，體公劉㈤之德，行勿翦㈥之惠，清廟之作㈦，於是乎始，褒貶之義，於是乎興；然而六翮未之備也。

伏見處士緜竹秦宓㈧，膺山甫㈨之德，履雋生㈩之直，枕石漱流，吟詠縕袍，偃息於仁義之途，恬淡於浩然之域，高概節行，守真不虧，雖古人潛遁，蔑以加旃。若明府能招致此人，必有忠讜落落之譽，豐功厚利建跡之勳；然後紀功於王府，飛聲於來世，不亦美哉！

《提要》

彭羕姿性驕傲，多所輕忽，惟敬同郡秦宓，嘗作書薦之於太守許靖。

《注　釋》

㈠許靖　字文休，平輿人。

㈡高宗句　高宗即殷帝武丁，嘗夢聖人曰，說使百工圖其象求之，得說於傅岩，號曰傅說，舉以爲相，國大治。

㈢周文句　周文王得呂尚於渭濱，立爲師。

㈣漢祖句　漢高祖嘗舉酈食其定計下陳留，說齊，下七十餘城。

㈤公劉　后稷之後，周室先代之賢主。

㈥勿翦　詩召南甘棠：「勿翦勿伐。」

㈦清廟之作　詩周頌有清廟之作十篇，祀文王之歌也。

㈧秦宓　字子勑，綿竹（故城在今四川德陽縣北）人。

㈨山甫　仲山甫，周宣王時卿士有德能諫，周室賴以中興。

㈩雋生　漢雋不疑，好學知禮。暴勝之請與相見，即侃侃談爲吏之道，勝之遂表薦之。爲京兆尹時，有自稱衛太子者詣北闕，不疑竟叱從吏收縛送詔獄，其亢直如此。

《作者傳略》

彭羕，字永年，廣漢人。初仕郡爲書佐，被人謗毀於州牧劉璋，璋使爲徒隸。先主定蜀，以爲治中從事，左遷江陽太守，以罪誅。

讓孫皎㊀書

三國吳志孫皎傳

三國吳
孫　權

自吾與北方為敵，中間十年，初時相持年小，今者且三十矣。孔子言三十而立，非但謂五經也。授卿以精兵，委卿以大任，都護諸將於千里之外㊁，欲使如楚任昭奚恤㊂，揚威於北境，非徒相使逞私志而已。近聞卿與甘興霸㊃飲，因酒發作，侵陵其人，其人求屬呂蒙㊄督中。此人雖麤豪有不如人意時，然其較略，大丈夫也，吾親之者，非私之也。吾親愛之，卿疏憎之，——卿所為每與吾違，其可久乎？

夫居敬而行簡，可以臨民，愛人多宏，可以得衆。二者尚不能知，安可董督在遠，禦寇濟難乎？卿行長大，特受重任，上有遠方瞻望之視，下有部曲朝夕從事，何可恣意有盛怒耶！人誰無過，貴其能改，宜追前愆，深自咎責。今故煩諸葛子瑜㊅重宣吾意。臨書摧愴，心悲淚下。

《提　要》

孫皎嘗以小故與甘寧爭，孫權聞而以書責之。皎得書，上疏陳謝。

《注　釋》

㈠孫皎　字叔明，孫權從弟。
㈡都護句　時皎爲都護征虜將軍，督夏口。
㈢昭奚恤　戰國楚將，北方之人頗畏之。
㈣甘興霸　名寧，吳之良將。
㈤呂蒙　字子明，吳之大將。
㈥諸葛子瑜　名瑾，與孫皎頗友善。

《作者傳略》

孫權，字仲謀，吳郡富春人。漢末嘗助劉備敗曹操於赤壁，卒擅江表，成鼎峙之勢。旋稱帝，在位二十四年薨，謚大皇帝。

臨困授子靖留牋

三國吳志張紘傳

三國吳 張　紘

自古有國有家者，咸欲修德政以比隆盛世。至於其治多不馨香，非無忠臣賢佐闇於治體也，由主不勝其情弗能用耳。

夫人情憚難而趣易，好同而惡異，與治道相反。傳曰：「從善如登，從惡如崩」，言善之難也。人君承奕世之基，據自然之勢，操八柄之威，甘易同之歡，無假取於人，而忠臣挾難進之術，吐逆耳之言，其不合也，不亦宜乎！雖則有釁，巧辯緣閒，眩於小忠，戀於恩愛。賢愚雜錯，長幼失敍，其所由來，情亂之也。故明君悟之，求賢如飢渴，受諫而不厭，抑情損欲，以義割恩，上無偏謬之授，下無希冀之望。宜加三思，含垢藏疾以成仁覆之大。

《提　要》

紘從征合肥，向孫權建出都秣陵計，從之，令還吳迎家，道病卒。臨困，留牋授子靖，囑上孫權，切論君臣之道。權省書，爲之流涕。

《作者傳略》

張紘，字子綱，廣陵人。少游學京師，還本郡舉茂才，公府辟，皆不就。後事孫策爲正議校尉，建安四年，策遣紘奉章至許宮，留爲侍御史。及策薨，曹操欲令紘輔權內附，出紘爲會稽東部都尉。後孫權以紘爲長史，從征合肥，頗倚重之。

與士仁書

三國吳志呂蒙傳注

三國吳　虞　翻

明者防禍於未萌，智者圖患於將來。知得知失，可與爲人；知存知亡，足別吉凶。大軍之行，斥候不及施，烽火不及舉，此非天命，必有內應。將軍不先見時，時至又不應之，獨守縈帶之城㈠而不降死戰，則毀宗滅祀，爲天下譏笑。呂虎威㈡欲徑到南郡，斷絕陸道，生路一塞，案其地形，將軍爲在箕舌上耳；奔走不得免，降則失義，竊爲將軍不安，幸熟思焉！

《提　要》

呂蒙伐南郡，蜀將士仁在公安拒守，蒙令虞翻說之；仁不肯相見，翻乃遣人勸降。仁得書，果爲所動，遂降吳。

《注　釋》

㈠縈帶之城　墨子公輸：「子墨子解帶爲城，以牒爲械。」
㈡呂虎威　即呂蒙，蒙伐南郡時，拜左護軍，虎威將軍。

《作者傳略》

虞翻，字仲翔，餘姚人。初從王朗，後事孫策爲功曹，孫權以爲騎都尉。性疏直，屢犯顏諫爭，坐徙涇縣，又以酒失，徙交州。翻博學，雖負罪被放，而講學不倦，門徒相隨者常數百人。居交北十餘年，卒。有周易注、國語注、老子注及文集多種。

與呂岱書

三國吳志呂岱傳

三國吳　張　承

借旦奭㊀翼周，二南㊁作歌，今則足下與陸子㊂也！忠勤相先，勞謙相讓，功以權成，化與道合，君子歎其德，小人悅其美。加以文書鞅掌，賓客終日，罷不舍事，勞不言倦。又知上馬輒自超乘，不由跨躡。如此足下過廉頗㊃也，何其事事快也！周易有之：「禮言恭，德言盛㊄。」足下何有此盡美邪！

《提　要》

呂岱與陸遜同在武昌，及平廖式還，雖年已八十，體猶精勤，仍躬親王事。奮威將軍張承美其行；作書頌揚之。

《注釋》

㈠旦奭　即周公旦、召公奭。

㈡二南　詩有周南　召南。

㈢陸子　即陸遜，字伯言，吳人，爲吳名將。

㈣廉頗　戰國趙之良將，與藺相如同仕趙，秦不敢侵。

㈤禮言恭二句　見易繫辭上。

《作者傳略》

張承，字仲嗣，彭城人。仕吳爲濡須都督，奮威將軍，封都鄉侯。卒謚定。

【晉】

誡子書（藝文類聚卷二十三）

晉 羊祜

吾少受先君之教，能言之年，便召以典文；年九歲，便誨以詩書，然尚猶無鄉人之稱，無清異之名。今之職位，謬恩之加耳，非吾力所能致也。吾不如先君遠矣，汝等復不如吾。諮度弘偉，恐汝兄弟未之能也；奇異獨達，察汝等將無分也。恭為德首，慎為行基，願汝等言則忠信，行則篤敬，無口許人以財，無傳不經之談，無聽毀譽之語。聞人之過，耳可得受，口不得宣，思而後動。若言行無信，身受大謗，自入刑論，豈復惜汝；恥及祖考。思乃父言，纂乃父教，各諷誦之！

《提　要》

羊祜誡子立身處世貴恭慎，並示忠信，篤敬、慎言各德目，使其知所勵行。

《作者傳略》

羊祜，字叔子，南城人。博學能屬文，善談論，世以清德聞。晉武帝時，官至尚書左僕射，後都督荊州諸軍事，甚得江漢間人心。既卒追贈太傅。有文集及老子傳行世。

與王濬㈠書

（晉書王濬傳）

晉 杜預

足下既摧西藩，㈡便當徑取秣陵㈢，討累世之逋寇，釋吳人於塗炭；自江入淮，逾於泗汴，泝河而上，振旅還都，亦曠世一事也！

《提要》

晉武帝使王濬伐吳，既下西陵，杜預遺濬書，勗其繼續前進，以奏全功。

《注釋》

㈠王濬　字士治，弘農湖人。

㈡西藩　謂守建平西陵等藩臣。

㈢秣陵　即三國吳都城建業，在今江蘇江寧縣。

《作者傳略》

杜預，字元凱，杜陵人。博學多通，尤明春秋。羊祜病，舉預自代，以平吳功，封當陽縣侯，卒贈征南大將軍，諡成。著作頗富，有春秋左氏經傳集解、釋例盟會圖、春秋長歷，及文集十八卷。

答楊濟書

晉書傅咸傳

晉 傅咸

衞公㈠云：「酒色之殺人，此甚於作直。」坐酒色死，人不爲悔。逆畏以直致禍，此由心不直正，欲以苟且爲明哲㈡耳。自古以直致禍者，尚自矯枉過直，或不忠允，欲以亢厲爲聲，故致忿耳；安有悾悾爲忠益，而當見疾乎。

《提要》

晉惠帝時，楊駿輔政，傅咸常亢直規正之。駿雖憚咸而不平，嘗有出咸爲外守意。駿弟濟素與咸善，作書勸咸勿過重官事，咸不以爲然，答以書。

《注釋》

㈠衞公 春秋衞武公。

㈡明哲　詩大雅烝民：「既明且哲，以保其身。」

《作者傳略》

傅咸，字長虞，泥陽人，咸寧中，襲父玄爵，爲尚書右丞。惠帝時，官至御史中丞。剛簡有大節，風格峻整，京都肅然，貴戚懾伏。卒謚貞。有文集三十卷。

遺荀崧㈠書

晉書杜曾傳

晉 陶 侃

杜曾㈡凶狡，所將之卒，皆豺狼也，可謂鴟梟食母之物。此人不死，州土未寧，足下當識吾言。

《提 要》

杜曾據竟陵，致箋於平南將軍荀崧，求討丹水賊以自效，陶侃知其奸，作書勸崧勿納；崧不從。

《注 釋》

㈠荀崧 字景猷，潁陰人。

㈡杜曾 新野人，嘗恃勇據竟陵，後爲周訪所破，被誅。

《作者傳略》

陶侃，字士行，原籍鄱陽，徙家尋陽。初爲縣吏，張夔舉爲孝廉，劉弘辟爲南蠻長史。後以平杜弢蘇峻等有功，官至侍中太尉，封長沙郡公，加都督交廣等七州事，拜大將軍。卒諡桓。有文集二卷。

與趙王倫㈠薦晉書戴若思傳

晉　陸機

蓋聞繁弱㈡登御，然後高墉之功顯；孤竹在肆，然後降神之曲成。是以高世之主，必假遠邇之器；蘊匱之才，思託大音之和伏見處士廣陵戴若思㈢，年三十，清沖履道，德量允塞，思理足以研幽，才鑒足以辨物，安窮樂志，無風塵之慕；砥節立行，有井渫㈣之潔，誠東南之遺寶，宰朝之奇璞也。若得託迹康衢，則能結軌驥騄；曜質廟廊，必能垂光璠璵矣。惟明公垂神採察，不使忠允之言，以人而廢！

《提　要》

戴若思受知於陸機，舉孝廉入洛，機乃作書荐之於趙王倫。

《注　釋》

㈠趙王倫　司馬懿第九子，字子彝，封於趙。

㈡繁弱　夏后氏之良弓。

㈢戴若思　名淵，廣陵人。

㈣井渫　易：「井渫不食。」喻清潔也。

《作者傳略》

陸機，字士衡，華亭人。少有異材，文章冠世。慨吳之亡，閉門讀書，著辨亡論二篇。太康末，入洛，累遷太子洗馬，後爲趙王倫參軍。旋佐成都王穎等討長沙王乂，爲河北大都督，兵敗。爲孟玖所讒，被穎所殺。有陸平原集。

與楊彥明書

陸士龍文集

晉　陸　雲

陸雲白：省示累紙，重存往會，益以增歎。年時可喜，何速之甚！昔年少時，見五十公去此甚遠，今日冉冉㊀，已近之矣；耳順之年，行復爲憂歎也。柯生而多悅，樂春未厭；秋風行戒，已悲落葉矣。人道多故，懽樂恆乏；遨遊此世，當復幾時！各爾永隔，良會每闌；懷想親愛，寤寐無忘書無所悉。

《提　要》

陸雲與楊彥明書：慨論年華之易老及良會之難期。

《注　釋》

㊀冉冉　行貌。屈平離騷：「老冉冉其將至兮，懼修名之不立。」

《作者傳略》

陸雲，字士龍，華亭人。六歲能屬文，少與兄機齊名，號曰二陸。初爲浚儀令，去官後，人民圖其像，配食縣社。後爲清河內史，轉大將軍右司馬。機死，雲亦被殺。有陸士龍文集。

弔陳永長書

陸士龍文集

晉　陸雲

永曜茂德遠量，一時秀生，奇蹤瑋寶，灼爾淩羣，光國隆家，人士之望，冀其永年，遂播盛業，攜手退遊，假樂此世；奈何一朝獨先彫落，奄聞凶諱，禍出不意，拊心痛楚，肝懷如割，奈何！奈何！豈況至心，何可爲心！臨書鯁塞㈠，投筆傷情。

《提　要》

陳永曜病故，陵雲痛悼之，先後與其弟永長書五通，備誌追悼之忱。此其一也。

《注　釋》

㈠鯁塞　謂如魚骨塞喉，不能發言也。

《作者傳略》

見前。

與陸雲書（陸士龍文集）

晉 車永

永白：間因王弘季有書，恠㊀足下無答。外甥石季甫，忽見使爲鄮㊁令，除書㊂近下，因令便道之職，得此罔然。老人及姊，自聞此問，三四日中了不能復食；姊晝夜號泣，不可忍視。外甥之中，老人真自愛恤。季甫恆在目下，卒有此役，舉家慘蹙，不可深言。昨全伯始有一將來，是句章㊃人，具說此縣既有短狐㊄之疾，又有沙蝨㊅害人。聞此消息，倍益憂慮。如其不行，恐有節目㊆，良爲愁憤；足下可具示土地之宜。企望來報。車永白。

《提　要》

車永甥石季甫除鄮令，舉家疑鄮爲荒僻之縣，惶怖不寧。陸雲居華亭，與鄮近，故永作書問之。

《注　釋》

㈠侟　古怪字。
㈡鄮　古縣名，故城在今浙江鄞縣東。
㈢除書　猶令之委任狀。
㈣句章　古縣名，故城在今浙江慈谿縣西南。
㈤短狐　詩小雅何人斯注：「蜮，短狐也。」相傳蜮能含沙射人爲災，生於南越地。
㈥沙蝨　即沙蝨，水中所生小蟲，能入皮膚害人。
㈦節目　猶言枝節。

《作者傳略》

車永，字茂安。生平未詳。

與承相王導㈠牋（晉書荀崧傳）

晉 虞預

伏見前秘書光祿大夫荀公㈡，生於積德之族，少有儒雅之稱，歷位內外，在貴能降。蘇峻㈢肆虐，乘輿失幸；公處嫌忌之地，有累卵之危，朝士爲之寒心，論者謂之不免；而公將之以智，險而不懾，扶侍至尊㈣，繾綣不離，雖無扶迎之勛，宜蒙守節之報。且其宣慈之美，早彰遠近，朝野之望，許以臺司，雖未正位，已加儀同，致守終純固，名定闔棺，而薨卒之日，直加侍中。生有三槐㈤之望，没無鼎足之名，寵不增於前秩，榮不副於本望，此一時愚智所慷慨也。今承大弊之後，淳風頹敗，苟有一介之善，宜在旌表之例，而況國之元老，志節若斯者乎！

《提　要》

荀崧卒，虞預上丞相王導，請加旌表。導以與崧有嫌隙，不從。

《注　釋》

㊀王導　字弘茂，臨沂人，晉成帝時爲丞相。

㊁荀公　名崧，字景猷，晉成帝時官至右光祿大夫，開府儀同三司，錄尚書事，又領秘書監。

㊂蘇峻　字子高。成帝時舉兵謀反，陷宮城，遷帝於石頭。溫嶠、陳亮、陶侃等會師討之，敗死。

㊃扶持至尊　成帝被逼石頭時，荀崧嘗侍從擁衛。

㊄三槐　猶言三公。周禮秋官朝士：「面三槐，三公位焉。」

《作者傳略》

虞預，本名茂，字叔寧，餘姚人。初爲縣功曹，諸葛恢等荐其才行，召爲丞相參軍兼記室。旋除著作郎，遷秘書丞，官終散騎常侍，以老歸，卒於家。預好經史，憎惡玄虛，著有晉書四十餘卷，會典錄諸虞傳及文集十卷。

與陶侃書

晉書應詹傳

晉　應詹

每憶密計，自沔入湘，頡頏繾綣，齊好斷金，子南我東，忽然一紀，其間事故，何所不有。足下建功嶠南㈠，旋鎮舊楚，吾承乏幸會，來忝此州，圖與足下進共竭節本朝，報恩幼主㈡；退以申尋平生，纏綿舊好；豈悟時不我與，長即幽冥，永言莫從，能不慨悵！

今神州未夷，四方多難，足下年德並隆，功名俱盛，宜務建洪範，雖休勿休，至公至平，至謙至順，即自天祐之，吉無不利。人之將死，其言也善，足下察吾此誠！

《提　要》

應詹嘗與陶侃同破杜弢於長沙，故深重侃，及病篤，遺書留別，並致勗詞。

《注　釋》

㊀幼主　謂晉成帝。
㊁嶠南　即嶺南。

《作者傳略》

應詹，字思遠，汝南頓人。幼孤，爲祖母所養，以孝聞。有才藝，知名當世。初辟公府，爲太子舍人。王敦叛，明帝以詹爲都督前鋒軍事，事平，以功封觀陽縣侯，領江州刺史。卒贈鎮南大將軍，諡烈。有集文三卷。

報虞預書

晉書楊方傳

晉　賀循

此子㈠開拔有志意，只言異於凡猥耳，不圖偉才如此！其文甚有奇分，若出其胸臆，乃是一國所推，豈但牧豎中逸羣邪！聞交舊黨之中，好有謙沖之行，此亦立身之一隅。然世衰道喪，人物凋弊，每聞一介之徒，有向道之志冀之願之。如方者，乃荒菜之特苗，鹵田之善秀，姿質已良，但沾染未足耳；移植豐壤，必成嘉穀。足下才爲世英，位爲朝右，道隆化立，然後爲貴。昔許子將拔樊子昭於賈豎㈡，郭林宗成龐德公於畎畝㈢，足下志隆此業，二賢之功，不爲難及也。

《提　要》

楊方少好學，有異才，內史諸葛恢見而奇之，遣方爲文，荐郡功曹主簿，虞預稱美之，送以示賀循。循見方文，大加贊賞，作書以報。

《注 釋》

㈠此子 謂楊方。方字公回，會稽人。

㈡許子將句 世說品藻注引蔣機萬機論：「許子將褒貶不平，以拔樊子昭而抑許文休。劉曄難曰：『子昭拔自賈豎，年至七十，還能守靜，進不苟競。』」按許子將，即後漢許劭。

㈢郭林宗句 郭林宗即郭泰，後漢名儒，善品題海內士。龐德公，後漢隱士。林宗成龐德於畎畝事，未知所出。

《作者傳略》

賀循，字彥先，會稽山陰人。善屬文，博覽羣籍，舉秀才，歷陽羨武康令，以寬惠稱。累官至太常，朝廷疑滯皆諮之。有喪服譜、喪服要記，及文集二十卷。

與溫嶠㈠書

晉書卞壺傳

晉　卞壺

元規㈡召峻㈢意定，懷此於邑。溫生足下；奈此事何！吾今所慮，是國之大事。且峻已出狂意，而召之更速，必縱其羣惡以向朝廷。朝廷威力誠桓桓，交須接鋒履刃，尚不知便可即擒不？王公亦同此情，吾與之爭甚懇切，不能如之何。本出足下爲外藩任，而今恨出足下在外㈣；若卿在內俱諫，必當相從。今內外戒嚴，四方有備，峻凶狂必無所至耳；恐不能使無傷，如何！

《提　要》

晉成帝時，庾亮將征蘇峻，卞壺知峻已懷野心，終必爲亂，出面諫阻，無效，因與平南將軍溫嶠論其事。

《注　釋》

㈠溫嶠　見與陶侃書作者傳略。

㈡元規　庾亮，字亮。鄢陵人，成帝初爲中書令，掌握政權。

㈢峻　蘇峻。見虞預與王導牋注。

㈣在外　是時溫嶠坐鎮武昌。

《作者傳略》

卞壺，字望之，寃句人。弱冠有名譽。永嘉中爲著作郎。明帝時，太后臨朝，壺與庾亮同輔政，拜尚書令。勤於吏事，不肯苟同時好，明帝深器之。蘇峻反，壺率軍拒之，力疾戰死，謚忠貞。有文集二卷。

臨終與庾亮書

晉書孔坦傳

晉 孔坦

不謂疾苦，遂至頓弊。自省緜緜，奄忽無日。修短命也，將何所悲。但以身往名没，朝恩不報，所懷未敍，即命多恨耳！

足下以伯舅㈠之尊，居方伯之重，抗威顧盼，名震天下，榱椽㈡之佐，常願下風，使九服式序，四海一統，封京觀於中原，反紫極於華壤，是宿昔之所味詠，慷慨之本誠矣；今中道而死，豈不惜哉！若死而有靈，潛聽風烈。

《提　要》

晉武帝委政，王導孔坦每以國事爲憂，臨終與庾亮書，猶以「朝恩不報，所懷未敍」爲恨，其忠誠可知。

《注　釋》

㈠伯舅　庾亮爲明帝后庾氏兄，故曰伯舅之尊。

㈡榱椽　屋椽也；謂自高而下，層次排列，如有等衰也。

《作者傳略》

孔坦，字君平，山陰人。少有雅望，能屬文。元帝爲晉王，以坦爲世子文學；東宮建，補太子舍人；遷尚書郎。成帝時，佐王導平蘇峻，遷侍中；以忤導，出爲廷尉，怏怏不得志，以疾去職，卒謚簡。有文集十七卷。

與支遁㈠書

高僧傳

晉 謝安

思君日積，計辰傾遲㈡。知欲還剡㈢自治，甚以悵然。人生如寄耳，頃風流得意之事，殆爲都盡。終日慼慼，觸事惆悵，惟遲君來，以晤言消之，一日當千載耳。山縣閒靜，差可養疾。事不異剡，而醫藥不同。必思此緣，副其積想也。

《提要》

晉高僧支遁，素與謝安善。遁晚年欲入剡，時安爲吳興守，作書招之。

《注釋》

㈠支遁　字道林，別稱支硎。

㈡傾遲　切念也。

㊂剡溪名，在今浙江省曹娥江之上游，亦名戴溪。

《作者傳略》

謝安，字安石，陽夏人。少有重名，累辟，以疾辭。時人每言：「安石不出，如蒼生何！」年四十餘，始應桓溫徵，爲司馬，累官至太保，出鎮廣陵。疾篤還都，卒，贈太傅，謚文靖。有文集十卷。

報殷浩㈠書

晉書王羲之傳

晉 王羲之

吾素自無廊廟志，直王丞相㈡時，果欲內吾，誓不許之。手跡猶存，由來尚矣，不於足下參政而方進退。自兒娶女嫁，便懷向子平㈢之志，數與親知言之，非一日也。若蒙驅使，關隴巴蜀皆所不辭。吾雖無專對之能，直謹守時命，宣國家威德，故當不同於凡使，必令遠近咸知朝廷留心於無外，此所益殊不同居護軍也。漢末使太傅馬日磾㈣慰撫關東，若不以吾輕微，無所爲疑，宜及初冬以行。吾惟恭以待命。

《提　要》

羲之少有美譽，朝廷公卿皆愛其才器，頻召爲侍中、吏部尚書，皆不就；復授護國將軍，又推遷不拜。揚州刺史殷浩素雅重之，勸使應命，羲之遂報書允出仕。

《注　釋》

㈠殷浩　字深原，長平人。

㈡王丞相　謂王導。羲之爲導從子。

㈢向子平　名長，後漢隱士。建武中，男女娶嫁既畢，棄家游五嶽名山，不知所終。

㈣馬日磾　字翁叔，漢獻帝時爲太傅。

《作者傳略》

王羲之，字逸少，會稽人。少有美譽，累辟不就。後拜護軍，遷右軍將軍，會稽內史，世因稱王右軍。羲之善書，艸隸爲古今冠。又能文，所著蘭亭集序，尤膾炙人口，有集十卷。

誡謝萬㈠書

晉書王羲之傳

晉 王羲之

以君邁往不屑之韻，而俯同羣辟，誠難爲意也。然所通識，正自當隨事行藏，乃爲遠耳。願君每與士之下者同，則盡善矣。食不二味，居不重席，此復何有，而古人以爲美談。濟否所由，實在積小以致高大，君其存之！

《提　要》

謝萬爲豫州刺史，羲之遺書誡之。萬不能用。既受任北征，矜豪傲物，嘗以嘯詠自高，未嘗撫衆；後果兵潰被廢。

《注　釋》

㈠謝萬　字萬石，謝安之弟。

《作者傳略》

見前。

與弟子書

太平御覽卷五百十六

晉　陶　潛

汝輩稚小，家貧無役，柴水之勞，何時可免？念之在心，若何可言！雖然不同生，當思四海皆兄弟之義。鮑叔敬仲㈠，分財無猜；歸生伍舉㈡，班荊道舊；遂能以敗爲成，因喪立功。他人尚爾，況共父之人哉！

潁川韓元長㈢，漢末名士，身處卿佐，八十而終，兄弟同居，至於沒齒。濟北氾稚春㈣，晉時操行人也，七世同財，家無怨色。詩曰：「高山仰止，景行行止㈤。」汝其慎哉！

《提　要》

陶潛與弟、子書，以言其志，並爲訓誡。

《注　釋》

㈠鮑叔敬仲　春秋齊鮑叔牙與管仲相友善。管仲少貧，鮑叔嘗資助之。

㈡歸生伍舉　歸生即春秋蔡大夫聲子，伍舉爲楚大夫，二人素相善。伍舉以事懼罪，將奔晉，歸生遇於鄭郊，班荆相坐，而言復故。及歸生如楚，說令尹子木而返之。事見左傳襄二十六年。

㈢韓元長　名融。後漢獻帝時，官至大鴻臚。

㈣氾稚春　一作氾幼春。

㈤高山二句　見詩小雅車舝篇。

《作者傳略》

陶潛，字淵明，尋陽柴桑人。志節高尚，善詩文。嘗爲彭澤令，不私事上官。郡遣督郵至縣，吏白應束帶見之，潛嘆曰：「吾安能爲五斗米折腰，拳拳事鄉里小人耶！」遂解印去縣，歸隱以終。有文集十卷及搜神後記（恐係後人僞託）行世。

遺郭瑀㈠書

晉書郭瑀傳

前涼　張天錫

先生濳光九皐，懷真獨遠，心與至境冥符，志與四時消息，豈知蒼生倒懸，四海待拯者乎？孤忝承時運，負荷大業，思與賢明，同贊帝道。昔傅說龍翔殷朝；尚父㈡鷹揚周室；孔聖車不停軌；墨子駕不俟旦；皆以黔首之禍，不可以不救。君不獨立，道由人弘故也。況今九服分爲狄場，二都盡爲戎穴，天子僻陋江東，名教淪於左袵，創毒之甚，開闢未聞。先生懷濟世之才，坐觀而不救，其於仁智，孤竊惑焉；故遣使者虛左授綏，鶴企先生，乃眷下國。

《提　要》

郭瑀少有超俗之操，隱於臨松薤谷，鑿石而居。前涼張天錫遣使持書徵之，終不就。

《注　釋》

㈠郭瑀　字元瑜，敦煌人。

㈡尚父　即呂尚。詳見彭蒹與蜀郡太守許靖書注。

《作者傳略》

張天錫，字純嘏，小名獨活，烏氏人。興寧元年，自立爲涼州牧，在位十二年，降於苻堅。堅敗，復歸晉。

【南北朝】

與沈林子㈠書

傅光祿集

南朝宋 傅亮

班爵疇勳，歷代常典；封賞之發，簡自帝心。主上委寄之懷，實參休否，誠心所期，同國榮戚，政復是卿諸人共弘建內外耳。足下雖存挹退，豈得獨爲君子耶！

《提要》

宋高祖踐阼，封沈林子漢壽縣伯，食邑六百戶。林子固辭，傅亮因作書勸進。

《注　釋》

㈠沈林子，字敬士，武康人。

《作者傳略》

傅亮，字季友，靈州人。博涉經史，尤善文辭。初仕晉，累官中書黃門侍郎。入宋，以佐命功，入直中書省，專典詔命，轉尚書僕射。受顧命輔政。後以廢少帝故，爲元帝所殺。有傅光祿集。

弔張茂度(一)書 顏光祿集

南朝宋 顏延之

賢弟子少履貞規，長懷理要，清風素氣，得之天然，言面以來，便申忘年(二)之好，比雖艱隔成阻，而情問無睽。薄莫(三)之人，冀其方見慰說，豈請中年，奄爲長往！聞問悼心，有兼恆痛。足下門教敦至，兼實家寶，一旦喪失，何可爲懷！

《提　要》

張敷喪父，哀毀逾恆，世父茂度每譬止之，輒更悲慟，未朞成疾而卒。延之素重敷，聞耗痛悼不已，因以書弔茂度。

《注　釋》

㈠張茂度　名裕，吳縣人。

㈡忘年　謂互重才識，不以年齒行輩而訂交也。

㈢薄莫　莫與暮同；薄莫，喻垂老也。

《作者傳略》

顏延之，字延年，臨沂人。少孤貧，好讀書，無所不覽，與謝靈運齊名。性嗜酒，不護細行，激直敢言。少爲步兵校尉，以與劉湛忤，出爲永嘉太守；作五更詠以寄怨憤，因之去職，後復起爲秘書監，光祿勳太常。卒諡憲。有顏光祿集。

答范光祿㈠書

（謝康樂集）

南朝宋　謝靈運

辱告企慰晚寒體中勝常。靈運腳諸疾，比春更甚憂慮。故人有情，信如來告，企詠之結，實成饑渴。山澗幽阻，音塵闊絕，忽見諸讚，歎慰良多，可請俗外之詠。尋覽三復，味翫增懷，輒奉和如別；雖辭不足觀，然意寄盡此。從弟惠連㈡，後進文悟，衰宗㈢之美，亦有一首，並以遠呈。

《提要》

范泰好佛，嘗作祇洹佛讚寄靈運，靈運與從弟惠連並答和之。

《注釋》

㈠范光祿　名泰，字伯倫，順陽人。

㈡惠運　靈運族弟，善屬文，又工書畫。

㈢衰宗　猶言敝族，謙辭也。

《作者傳略》

謝靈運，小名客兒，陽夏人。少好學，工書畫，文章與顏延之齊名。襲封康樂公，以未參權要，常懷憤惋。性好山水，肆意遨遊，所至輒爲題詠以寄意。文帝徵爲秘書監，遷侍中，賞遇甚厚。後以罪徙廣州，有誣其謀叛者，詔收之，靈運因興兵反抗，被執棄市。有文集等多種。

與豫章王㈠牋 南齊書朱謙之傳

南朝齊 張融

禮開報仇之典㈡，以申孝義之情；法斷相殺之條，以表權時之制。謙之揮刃酬冤，既申私禮，繫頸就死，又明公法。令仍殺之，則成當世罪人；宥而活之，即爲盛朝孝子。殺一罪人，未足弘憲；活一孝子，實廣風德。張緒陸澄㈢，是其鄉舊，應具來由。融等與謙之並不相識，區區短見，深有恨然。

《提　要》

錢塘朱謙之，所生母亡，假葬田側，爲族人朱幼方燎火所焚。謙之手刃殺幼方，詣獄自繫。時豫章王嶷爲郡刺史，張融上書請宥謙之。嶷言諸世祖，嘉其義，赦之。

《注　釋》

㈠豫章王　名嶷，字宣儼，齊高帝第二子。
㈡禮開報仇之典　禮曲禮上：「父之讎弗與共戴天，兄弟之讎不反兵，交遊之讎不同國。」又檀弓上：「子夏問於孔子曰：『居父母之仇如之何？』夫子曰：『寢苫枕干，不仕，弗與共天下也；遇諸市朝，不反兵而鬥。』」
㈢張緒陸澄　時太常張緒，尚書陸澄，並同情於謙之，嘗表論其事。

《作者傳略》

張融，字思光，吳郡吳人。少能文，有美譽。初爲封溪令，累官太子中庶子司徒左長史。齊高帝奇愛之，嘗曰：「此人不可無一，不可有二。」有玉海集六十卷。

與從叔永㈠書

南齊書張融傳

南朝齊 張融

融昔稱幼學，早訓家風，雖則不敏，率以成性，布衣葦席，弱年所安，簞食瓢飲，不覺不樂。但世業清貧，民生多待，榛栗棗修，女贄既長，束帛禽鳥，男禮已大㈡；勉力求官，十年七仕。不欲代耕，何至此事。昔求三吳一丞，雖屢舛錯，今聞南康㈢缺守，願得爲之。融不知階級，階級亦可不知融；政以求丞不得，所以求郡，求郡不得，亦可復求丞。

《提 要》

張融家貧，欲得南康守，嘗上書從叔永言其事。

《注釋》

㈠永　張永字景雲，時爲征北將軍。

㈡榛栗四句　左傳莊公二十四年：「男贄，大者玉帛，小者禽鳥；女贄，不過榛栗棗修。」

㈢南康　郡名，故治在今江西贛縣西南。

《作者傳略》

見前。

報王筠㈠書

沈隱侯集

南朝梁 沈約

覽所示詩，實爲麗則。聲和被紙，光影盈宇。夔牙㈡接響，顧有餘慚；孔翠㈢羣翔，豈不多愧！下情拙目，每佇新奇，爛然總至，懽興已盡。會昌昭發，蘭揮玉振㈣；克諧之義，寧比笙簧。思力所該，一至乎此！歎服吟研，周流忘念。昔時幼壯，頗愛斯文，含咀之間，倏焉疲暮，不及後進，誠非一人；擅美推能，實歸吾子。遲此閒日，清覯乃申㈤。

《提要》

王筠善屬文；爲沈約所重。嘗爲詩呈約，約報以書。

《注　釋》

㊀王筠　字元禮，一字德柔，臨沂人。
㊁夔牙　夔，舜臣名，典藥之官；牙，伯牙，春秋楚人，善鼓琴。
㊂孔翠　孔雀與翠鳥。
㊃會昌二句　謂讀筠詩，如日月光昌，春和昭發；又如蘭之有馨可揮，玉之有聲克振也。
㊄清觀乃申　意謂冀其復有詩見惠，重得清雅之觀視也。

《作者傳略》

沈約，字休文，武康人。少孤貧，篤志好學，博覽羣籍。蔡興宗重其才，引爲參軍，兼司記室，入爲尚書度支郎，入齊，累官至御史中丞，五兵尚書。後與范雲等佐梁武帝成帝業，官至尚書令，太子少傅。卒謚隱。著作頗富，有晉書一百十卷，宋書一百卷，齊記二十卷，高祖紀十四卷，邇言十卷，謚例十卷，宋文章志三十卷，俗說三卷，文集一百卷。

答樂藹㊀書 沈隱侯集

南朝梁 沈約

丞相㊁風道弘曠，獨秀生民，凝猷盛烈，方軌伊旦㊂。慭遺㊃之感，朝野同悲。承當刊石紀功，傳華千載，宜須盛述，實允來談。郭有道漢末之匹夫，非蔡伯喈不足以偶三絕㊄；謝安石㊅素族之台輔，時無麗藻，迄乃有碑無文。況文獻王㊆冠冕彝倫，儀刑寓內，自非一世辭宗難或與此。約閭閻鄙人？名不入第，欻酬今旨，便是以禮許人，聞命慚顏，已不覺汗之沾背也。

《提　要》

南齊豫章王嶷薨後，樂藹屬沈約作刻石之文，約作書報之。

《注釋》

㈠樂藹　樂廣六世孫，天監中，累遷御史中丞。

㈡丞相　謂豫章王嶷。

㈢伊旦　謂伊尹與周公旦，並古賢相。

㈣憖遺　孔子卒，魯哀公誄之曰：「旻天不弔，不憖遺一老！」

㈤郭有道二句　後漢郭泰，字林宗，名重儒林，及卒，蔡邕（字伯喈）爲碑曰：「吾爲碑銘多矣，皆有慚德，惟郭有道無愧色耳。」

㈥謝安石　即晉謝安。

㈦文獻王　豫章王嶷諡文獻。

《作者傳略》

見前。

答謝中書㈠書

藝文類聚卷三十七

南朝梁 陶弘景

山川之美，古今共談。高峯入雲，清流見底；兩岸石壁，五色交輝；青林翠竹，四時俱備；曉霧將歇，猿鳥亂鳴；夕日欲穨，沈鱗競躍：實是欲界之仙都；自康樂㈡以來，未復有能與其奇者。

《提要》

陶弘景隱於句容句曲山，與謝朏書，暢談山川之美。

《注釋》

㈠謝中書　即謝朏。朏字敬仲，陽夏人。

㈡康樂　即謝靈運。靈運亦性好山川，常以遨遊自娛。

《作者傳略》

陶弘景，字通明，秣稜人。幼好學，未弱冠，齊高帝引爲諸王侍讀。後隱居句容句曲山，研習陰陽、五行、風角、星算、山川、地理、醫術、本草等學，又嘗造渾天象。梁武帝即位，每有吉凶征討大事，無不諮請，時人謂之山中宰相。年八十五無病而卒，或傳其仙去。諡貞白先生。著有文集及帝王年歷、古今刀劍錄等多種。

上蕭太傅㈠固辭奪禮啓

任中丞集

南朝梁 任昉

昉啓：近啓歸訴，庶諒窮款。奉被還旨，未垂哀察。悼心失圖，泣血待旦。君於品庶，亦均鎔造。干祿祈榮，更爲自拔。虧教廢禮，豈關視聽！所不忍言，具陳茲啓。

昉往來末宦，祿不代耕，饑寒無甘旨之資，限役廢晨昏之半。膝下之懽，已同過隙：几筵之慕㈡，幾何可憑？且奠酹不親，如在安寄，晨暮寂寥，闃若無主，所守既無別理，窮咽豈及多喻！明公功格區宇，感通有塗。若霈然降臨，賜寢嚴命，是知孝治所被，爰至無心㈢；錫類所及匪徒教義。不任崩迫之情，謹奉啓事陳聞。謹啓。

《提要》

隆昌中，昉爲尚書殿中郎，父憂去職，居喪哀毀。太傅蕭鸞，起爲建武將軍，驃騎記室，昉再三固辭。鸞見其辭切，亦不能奪。

《注　釋》

㈠蕭太傅　名鸞，隆昌中爲太傅。後廢帝自立，是爲齊明帝。

㈡几筵之慕　荀子：「孔子謂魯哀公曰：『君入廟而右登自阼階，仰視榱棟，俛見几筵，其器存，其人亡；君以此思哀，則哀將焉不至矣！』」按几筵，古祭席也。

㈢無心　韓詩外傳：「阿谷之女謂子貢曰：『吾鄙野之人，僻陋無心。』」

《作者傳略》

任昉，字彥昇，小字阿堆，博昌人。幼好學，早知名。宋末辟丹陽尹主簿，入齊，官至尚書殿中郎，遷爲驃騎記室參軍。梁受禪，累遷至御史中丞秘書監，出爲寧朔將軍，新安太守；卒於兵。昉藏書頗富，博覽無遺，嘗手校秘閣四部。著有雜傳地記、文章緣起、文集等，並傳於世。

北使還與永豐侯㈠書　劉豫章集

南朝梁　劉潛

足踐寒地，身犯朔風，暮宿客亭，晨炊謁舍。飄颻辛苦，迄居㈡氈鄉㈢。雜種覃化，頗慕中國。兵傳李緒之法㈣，樓擬衛律㈤所治。而毳幪難淹。酪漿易厭。王程有限，時及玉關㈥。射鹿胡奴，乃典㈦歸國。刻龍漢節，還持入塞。馬銜苜蓿，嘶疑㈧故墟；人獲蒲萄，歸種舊里。稚子出迎，善鄰相勞。倦握蟹螯，亟覆蝦椀。每取朱顏，略多自醉。用此終日，亦以㈨自娛。

《提　要》

劉潛嘗銜命使魏，遠至塞外。及還，與蕭撝書，備述旅況及歸鄉樂趣。

《注　釋》

㈠永豐侯　即蕭撝，字智遐，撝在梁時，封永豐侯。

㈡迄居　御覽七七九作「逗留」。
㈢氈鄉　塞外人民多服氈裘，故謂其地曰氈鄉。
㈣李緒　西漢人，降匈奴，嘗教匈奴以兵。
㈤衛律　本長水胡人，生長於漢。後降匈奴。
㈥玉關　即玉門關，在甘肅敦煌縣西北，古代爲西北門戶。
㈦典　御覽作「共」。
㈧疑　御覽作「逗」。
㈨以　御覽作「多」。

《作者傳略》

劉潛，字孝儀。彭城人。天監中舉秀才，累遷尚書殿郎，後爲尚書左丞兼御史中丞，出爲伏波將軍，臨海太守。旋入都，官尚書。太清初，又出爲明威將軍，豫章內史。有集二十卷。

追答劉沼㈠書

劉戶曹集

南朝梁 劉峻

劉侯既重有斯難，値余有天倫之感，竟未之致也。尋而此君長逝，化爲異物，緒言餘論，蘊而莫傳。或有自其家得而示余者，余悲其音徽未沫，而其人已亡，靑簡尚新，而宿草將列，泫然不知涕之無從也。雖隙駟㈡不留，尺波㈢電謝，而秋菊春蘭，英華靡絕，故存其梗概，更酬其旨。若使墨翟之言㈣無爽，宣室之談㈤有徵，冀東平之樹，望咸陽而西靡㈥；蓋山之泉，聞弦歌而赴節㈦，但懸劍空壠㈧，有恨如何！

《提　要》

劉峻嘗以不得志著辨命論，秣陵令劉沼，致書難之；往反非一。其後沼作書未發而卒，有人於沼家得書以示峻，峻乃作書追答之。全文淒楚纏綿，具見悼痛之深。

《注釋》

㈠劉沼　字明信，魏昌人。

㈡隙駟　喻光陰之逝，如駟之過隙。

㈢尺波　陸機詩：「寸陰無停晷，尺波豈徒然！」

㈣墨翟之言　墨翟嘗引杜伯死後射周宣王報仇事，論曰：「凡殺不辜者，其得不祥。……以若書之說觀之，則鬼神之有，豈可疑哉！」見墨子明鬼上。

㈤宣室之談　漢文帝受釐宣室，嘗以鬼神之事問賈誼；事見漢書賈誼傳。

㈥東平之樹二句　相傳東平思王墓在東平縣。冢上松柏，均向咸陽西靡；事見聖賢冢墓記。

㈦蓋山之泉二句　臨城縣西南蓋山有舒姑泉。俗傳昔有舒氏女與其父析薪於此，女坐泉處。忽牽挽不動，父驚懼，還告家人。比還，惟見清泉湛然。女母曰：「吾女本好音樂。」乃作絃歌；泉涌迴流。見搜神後記。赴節，陸機文賦：「舞者赴節以投袂。」

㈧懸劍空壠　春秋吳季札嘗聘于魯，觀周樂。過徐，徐君好其劍，而口不言。季札心知之，以爲使上國未即獻。及還，至徐，徐君已死，乃解劍懸徐君墓樹而去。

《作者傳略》

劉峻，字孝標，平原人。好學安貧，耕讀不輟，聞人有異書，雖遠必往借，崔慰祖謂之「書淫」。天監初，典校秘書，安成王秀引爲戶曹參軍，使撰類苑；未成，以疾去。隱居東陽紫岩山，吳會人多從之學。及卒，門人謚曰玄靖先生。嘗注世說新語，所引甚富。有文集六卷。

送橘啓

劉戶曹集

南朝梁　劉　峻

南中橙甘，青鳥所食。始霜之旦，采之風味照座，劈之香霧噀人。皮薄而味珍，脈不黏膚，食不留滓，甘踰萍實，冷亞冰壺㊀。可以熏㊁神，可以芼㊂鮮，可以漬蜜。氈鄉之果，寧有此邪！

《提　要》

劉峻送橘與人，附以小啓。書中說橘之美，朗潤雋永，讀之使人垂涎。

《注　釋》

㈠冰壺　鮑照詩：「清如玉壺冰。」

㈡熏　和悅之意。

㈢芼　擇也。

《作者傳略》

見前。

爲書誡子崧

梁書徐勉傳

南朝梁 徐 勉

吾家世清廉，故常居貧素，至於產業之事，所未嘗言，非直不經營而已。薄躬遭逢，遂至今日，尊官厚祿，可謂備之。每念叨竊若斯，豈由才致，仰藉先代風範及以福慶，故臻此耳。古人所謂以清白遺子孫㊀，不亦厚乎！

《提 要》

徐勉居官清廉，嘗謂人曰：「人遺子孫以財，我遺之以清白」；故以書誡子崧，使繼其志。

《注 釋》

㊀清白遺子孫　後漢書楊震傳：「震公廉，不受私謁，子孫常蔬食步行。故舊長

者，或欲令爲開產業，震不肯，曰：「使後世稱爲淸白吏子孫；以此遺之，不亦厚乎！」

《作者傳略》

徐勉，字脩仁，東海郯人。仕梁，累官至中書令，好學，勤著述，雖當機務，亦下筆不休。所著有前後二集四十五卷，又爲婦人章表集十卷，卒諡簡肅。

與朱元思書

吳朝請集

南朝梁 吳均

風煙俱靜，天山共色。從流飄蕩，任意東西。自富陽(一)至桐廬(二)一百許里，奇山異水，天下獨絕。水皆縹碧。千丈見底，游魚細石，直視無礙：急湍甚箭，猛浪若奔。夾峯(三)高山。皆生寒樹，負勢競上，互相軒邈(四)；爭高直指，千百成峯，泉水激石，泠泠作響；好鳥相鳴，嚶嚶成韻。蟬則千轉不窮，猨則百叫無絕。鳶飛戾天者(五)，望峯息心；經綸世務者，窺谷忘返。橫河上蔽，在晝猶昏；疏條交映，有時見日。

《提　要》

吳均嘗遊富陽至桐廬間，途中景物幽奇，欣賞之餘，作書告朱元思。全文描寫奇山異水，生動流麗，使人讀之，恍如置身畫圖中。

《注　釋》

㊀富陽　縣名，在今浙江省。
㊁桐廬　縣名，在今浙江省。三國吳置，故城在今縣治西。
㊂峯　一本作嶂。
㊃軒邈　言其高遠也。
㊄鳶飛戾天者　謂如鳶之翱翔天空自得其樂者。

《作者傳略》

吳均，字叔庠，吳興故鄣人。家世寒賤，好學。有俊才。沈約見其文，頗相稱賞。文體清拔有古氣，時稱爲吳均體。初爲柳惲主簿，後除奉朝請。著有齊春秋、十二州記、錢塘先賢傳、續文釋、廟記、續齊諧記及文集二十卷；又注范曄後漢書九十卷。

與顧章書

吳朝請集

南宋梁 吳　均

僕去月謝病，還覓薜蘿。梅溪之西，有石門山㊀者，森壁爭霞，孤峯限日，幽岫含雲，深谿蓄翠。蟬吟鶴唳，水響猿啼；英英相雜，綿綿成韻。既素重幽居，遂葺宇其上。幸富菊花，偏饒竹實，山谷所資，於斯已辦；仁智所樂，豈徒語哉！

《提　要》

吳均息影石門山嘗與顧章書，述其地風景之幽異。

《注　釋》

㊀石門山　在今浙江安吉縣東北四十里。上有兩石對峙如門，故名。

《作者傳略》

見前。

與諸兒論家世集書

王僧事集

南朝梁　王筠

史傳稱安平崔氏，㊀及汝南應氏㊁，並累世有文才，所以范蔚宗云：「世擅雕龍㊂」。然不過父子兩三世耳，非有七葉之中，名德重光，爵位相繼，人人有集，如吾門世者也。沈少傳約語人云：「吾少好百家之言，身為四代之史，自開闢以來。未有爵位蟬聯，文才相繼，如王氏之盛者也。」汝等仰觀堂構，思各努力！

《提　要》

王氏自晉王導至梁王筠凡七世，俱居顯爵，並有文才，故筠作書與諸兒論之，並以為勗。

《注　釋》

㊀安平崔氏　謂後漢崔凡及子瑗孫實。

㊁汝南應氏　謂後漢應奉及子劭。

㊂雕龍　范曄（字蔚宗南朝宋時人）後漢書崔駰傳贊：「崔爲文宗，世禪雕龍。」

《作者傳略》

王筠，字元禮，一字德柔，臨沂人。幼警寤，七歲能屬文。及長，清靜好學，擅才名。蕭統重文士，筠以方雅見稱。累官太子詹事。後以寓居蕭子雲宅，夜忽有盜，驚懼墮井死。有集九十卷行於世。

與殷鈞㊀書

梁昭明集

南朝梁 蕭統

知比諸德，哀頓爲過，又所進殆無一溢㊁甚以酸耿。迴然一身，宗奠是寄，毀而滅性，聖教所不許，宜微自遣割，俯存禮制，饘粥果蔬㊂，少加勉彊。憂懷既深，指故有及；并令繆道臻口具。

《提要》

殷鈞爲臨川內史。母憂去職，居喪過禮。蕭統憂之，手書戒喻。

《注釋》

㊀殷鈞　字季和，長平人。

㊁一溢　儀禮喪服：「朝一溢米。」注：「二十四兩曰溢，爲米一升二十四分升

之一。」

㊂饘粥蔬果 儀禮喪服：「居倚廬，歠粥，朝一溢米，夕一溢米。……既練，舍外寢，始食菜果素食。」

《作者傳略》

蕭統，字德施，小字維摩，爲梁武帝長子。天監元年，立爲太子。好文學，重文士。性至孝，樂濟貧困。年三十卒，謚曰昭明。有正序文章英華、文選及集行世。

與張纘㈠論張緬書 梁昭明集

南朝梁 蕭 統

賢兄學業該通，莅事明敏，雖倚相㈡之讀墳典，郄穀㈢之敦詩書，惟今望古，蔑以斯過。自列宮朝，二紀將及，義惟僚屬，情實親友；文筵講席，朝遊夕宴，何曾不同茲勝賞，共此言寄；如何長謝，奄然不追！且年甫强仕㈣。方申才力，摧苗落穎，彌可傷惋，念天倫素睦，一旦相失，如何可言！言及增哽，擥筆無次。

《提　要》

張緬，字元長，仕梁以賢能稱。大通三年遷侍中，未拜而卒。蕭統重其才，親往臨哭，並手書與其弟纘，極言殤惋之深。

《注　釋》

㈠張纘　字伯緒，緬第三弟。

㈡倚相　春秋楚史官，能讀三墳、五典、八索、九丘。

㈢郤穀　春秋晉將，說禮樂而敦詩書。

㈣强仕　禮曲禮上：「四十曰强而仕。」按緬卒時年纔四十有二，故云。

《作者傳略》

見前。

誡當陽公大心㈠書

梁簡文帝集

南朝梁　蕭綱

汝年時尚幼，所闕者學。可久可大，其惟學歟！所以孔丘言：「吾嘗終日不食，終夜不寢，以思，無益，不如學也㈡」。若使面牆而立，沐猴而冠，吾所不取。立身之道，與文章異：立身先須謹重，文章且須放蕩。

《提　要》

蕭綱與子大心書，勗其力學。

《注　釋》

㈠大心　蕭綱第二子，字仁恕。大通四年封當陽公。

㈡孔丘五句　見論語衛靈公篇。

《作者傳略》

蕭綱，字世纘，梁武帝第三子，蕭統之弟。武帝卒，即帝位。在位二年，爲侯景所弑，諡簡文。綱善屬文，辭藻豔發；所爲詩，傷於輕豔，時人號爲「宮體」。著有昭明太子傳、諸王傳、莊子義、老子義、禮大義及文集等多種。

與學生書
梁元帝集

南朝梁　蕭繹

吾聞斲玉爲器，諭乎知道，惟山出泉，譬乎從學，是以執射執御，雖聖猶然；爲弓爲箕，不無以矣。抑又聞曰：「漢人流麥㊀，晉人聚螢㊁」；安有挾册讀書，不覺風雨已至；朗月章奏，不知爝火爲微；所以然者，良有以夫。可久可大，莫過乎學。求之於己，道在則尊。

《提　要》

蕭繹勉國學生力學。

《注　釋》

㊀流麥　後漢高鳳好讀書。一日，妻曝麥於庭，令鳳護雞。天忽暴雨，鳳持竿誦

經如故，而麥盡爲潦水所流。

㈡聚螢　晉車胤勤讀，家貧不得油，夏夜常聚螢置練囊以照書。

《作者傳略》

蕭繹，字世誠，梁武帝第七子。聰慧博學，下筆成文。侯景既篡弒自立，繹命王僧辯平之，遂即位於江陵。在位三年，西魏伐梁，被殺。謚孝元。著有忠臣傳、孝德傳、周易講疏、老子講疏及文集等多種。

遺虞荔㈠書

陳書虞荔傳

南朝陳　陳霸先

喪亂已來，賢哲凋㪚。君才用有美，聲聞許洛。當今朝廷維新，廣求英雋，豈可棲遲東土，獨善其身！今令兄子將接出都，想必副朝廷虛遲也。

《提　要》

侯景之亂，虞荔逃歸鄉里，隱居不仕。陳霸先受禪，遺書勸出仕。

《注　釋》

㈠虞荔　字山披，餘姚人。初仕梁，入陳爲太子中庶子，領大著作。

《作者傳略》

陳霸先，字興國，小字法生，吳興人。仕梁官至相國，後受禪爲帝，國號陳。禮佛綦篤，嘗捨身大莊嚴寺。在位三年，卒謚武，廟號高祖。

將死與知故書

魏書南安王楨附傳

後魏　拓跋熙

吾與弟㈠竝蒙皇太后㈡知遇，兄據大州，弟則入侍，殷勤言色，恩同慈母。今皇太后見廢北宮，太傅清河王㈢，橫受屠酷，主上幼年，獨在前殿。君親如此，無以自安，故率兵民建大義於天下。但智力淺短，旋見囚執，上慚朝廷，下愧相知。本以名義干心，不得不爾，流腸碎首，復何言哉！

昔李斯憶上蔡黃犬㈣，陸機想華亭鶴唳㈤，豈不恍惚無際，一去不還者乎？今欲對秋月，臨春風，藉芳草，蔭花樹，廣召名勝，賦詩洛濱，其可得乎！凡百君子，各敬爾宜，爲國爲身善勗名節，立功立事，爲身而已，吾何言哉！

《提　要》

後魏正光初，元叉恃寵跋扈，與劉騰等奏廢靈太后，幽於北宮禁中，又殺太傳清河王懌。時拓跋熙爲相州刺史，起兵討叉，兵起甫十日，爲柳元章等所執，叉遣尚書左丞盧同斬之於鄴街。熙好文學，多與才學之士交，將死時，嘗遺書與知故訣別。

《注釋》

㈠弟　謂拓跋略。

㈡皇太后　謂宣武靈胡后，孝明帝立，以年幼，太后臨朝執政。

㈢清河王　名懌。字宣仁，孝文帝第五子。

㈣李斯句　秦相李斯（上蔡人）爲趙高所構，腰斬咸陽市。臨刑時，斯顧謂其子曰：「吾欲與若復牽黃犬俱出上蔡東門逐狡兔，豈可得乎！」遂父子相哭而夷三族。

㈤陸機句　晉太安初，成都王穎起兵討長沙王乂，假陸機（華亭人）後將軍，河北大都督。及軍敗，孟玖等譖機有異志，穎使收機。機曰：「華亭鶴唳，可得復聞乎！」遂遇害。

《作者傳略》

拓跋熙，字真興，後魏宗室。好學，俊爽有文才，爲清河王懌所昵，官至相州刺史。正光元年八月起兵討元叉，被殺。靈太后反政，贈太尉冀州刺史，謚文莊王。

遺張普惠㈠書

北史張普惠傳

北齊 杜弼

門侯深儒碩學身負大才，執此公方，來居諫職，謇謇如也！諤諤如也！

一昨承在胡司徒第，當庭面諍，雖問難鋒至，而應對響出；宋城之帶始縈㈡，魯門之柝裁警，終使羣后逡巡，庶寮拱嘿；雖不見用於一時，固已傳美於百代。聞風快然，敬裁此白。

《提要》

後魏靈太后父司徒胡國珍卒，贈相國太上秦公。張普惠以前世后父無太上之號，詣闕上疏，陳其不可。太后覽表，親至國珍宅，集大臣博議其事。羣臣咸以辭難惠普，惠普竝以理正之，無所屈。事後，中山杜弼遺書普惠，盛稱其義正善諫。

《注　釋》

㈠張普惠　字洪賑，九門人。好學，精三禮。仕後魏，以能諫稱。

㈡宋城句　墨子公輸：「於是見公輸盤，子墨子解帶爲城，以牒爲械。公輸盤九設攻城之機變，子墨子九拒之。公輸盤之攻械盡，子墨子之守圉有餘。」按：墨子，宋人；公輸盤，魯人。

《作者傳略》

杜弼，字輔玄，陽曲人。孝昌初除太學博士，累遷大行臺郎中，又引典機密，密勸神武受禪，以功遷尉卿。後以譖誅死，追謚文肅。爲政清靜廉潔，吏人懷之。

復故人書

北齊書王晞傳

後周 王 晞

辱告存念，見令起疾。循復眷旨，似疑吾所傷未必是猘。吾豈願其必猘？但理契無疑耳。就足下疑之，亦有過說。足下既疑其非猘，亦可疑其是猘；其疑半矣。若疑其是猘而營護，雖猘亦無損；疑其非猘而不療，儻是猘則難救，然則過療則致萬全，過不療或至於死。若王晞無可惜也，則不足取；既取之，便是可惜，奈何奪其萬全，任其或死？且將軍㊀威德所被，飆飛霧襲，放掩八猘，豈在一介！若必從隗始㊁，先須濟其生靈，——足下何不從容爲將軍言也？

《提　要》

西魏將獨孤信入洛，辟晞爲開府記室，晞稱被犬傷，因篤不起。有故人疑其所傷非猘，勸令起，晞作書報之。

《注　釋》

㈠將軍　謂西魏獨孤信。

㈡從隗始　戰國燕昭王欲得賢士，以報齊仇。郭隗進曰：「欲得賢士，請自隗始。」昭王從之，樂毅鄒衍輩，果聞風而至。

《作者傳略》

王晞，字叔明，小名沙彌。北齊孝昭帝時，歷拜太子太傅，後遷大鴻臚，待詔文林館。入周，爲諫議大夫。性閒淡少欲，喜嘯咏遨遊，時人稱爲「物外司馬」。

謝趙王㈠賚白羅袍袴啓（庾開府集）

後周　庾　信

某啓：垂賚白羅袍袴一具。程據上表，空諭雉頭㈡；王恭入雪，虛稱鶴氅㈢。未有懸機巧緤，變躡奇文，鳳不去而恆飛，花雖寒而不落。披千金㈣之暫暖，棄百結㈤之長寒，永無黃葛㈥之嗟，方見青綾㈦之重。對天山之積雪，尚得開衿；冒廣廈之長風，猶當揮汗。白龜㈧報主，終自無期；黃雀㈨謝恩，竟知何日。

《提　要》

趙王與庾信交厚，嘗於冬日贈信白羅袍袴，信肅啓謝之。

《注　釋》

㈠趙王　即宇文招，周文帝第七子，封趙王，稱功拜太師。

㈡程據二句　晉咸寧起居注：「太醫司馬程據，上雉頭裘一領，詔於殿前焚之。」

㊂王恭二句　晉王恭，美姿儀，嘗披鶴氅涉雪而行。孟昶見而嘆曰：「此真神仙中人！」事見世說正羨。

㊃千金　說苑：「千金之裘，非一狐之皮也。」

㊄百結　晉董京於市得碎繪敗絮以爲衣，號曰百結衣。

㊅黃葛　勾踐敗於吳，使國中男女入山采葛，作黃紗之布以獻吳王。事見吳越春秋。

㊆青綾　西王母二侍女，服青綾之袿。見漢武內傳。

㊇白龜　晉毛寶戍邾城時，得一白龜，放之江中。後寶以避亂溺於江，白龜起而負至彼岸，事見幽明錄。

㊈黃雀　後漢楊寶嘗救一受傷黃雀，夢有黃衣童子出四玉環以報。見續齊諧記。

《作者傳略》

庾信，字子山，小字蘭成，新野人。有盛才，善屬文，綺麗絕倫，與徐陵媲美，時稱爲徐庾體。周明帝武帝好文學，皆恩禮之。累進驃騎大將軍，開府儀同三司，世稱庾開府。有文集二十一卷。

【隋】

與弟子書

隋書韋世康傳

隋　韋世康

吾生因緒餘，風雲纓弁，驅馳不已，四紀於茲。亟登衮命，頻涖方岳。志除三惑，心慎四知，以不貪而爲寶，處膏脂而莫潤。如斯之事，頗爲時悉。今耄雖未及，壯年已謝，霜早梧楸，風先蒲柳。眼闇更劇，不見細書；足病彌增，非可趨走。祿豈須多？防滿則退；年不待暮，有疾便辭。況孃春秋已高，溫清宜奉；晨昏有闕，罪在我躬。今世穆世文㈠，竝從戎役，吾與世沖㈡，復嬰遠任。陟岵瞻望㈢，此情彌切，桓山之悲㈣，倍深常戀。意欲上聞，乞遵養禮，未訪汝等。故遣及此；興言遠慕，感咽難勝！

《提　要》

韋世康為絳州刺史；有惠政。性恬素好古，不以得喪於懷。在州嘗慨然有止足之志，手書告弟子，諸弟以事恐難遂，乃止。

《注　釋》

㈠世穆世文　世穆名洸，世文名藝，俱為世康弟。
㈡世沖　名沖，世康弟。
㈢陟岵瞻望　詩魏風陟岵：「陟彼岵兮，瞻望父兮！……陟彼屺兮，瞻望母兮。」
㈣桓山之悲　說苑辨物：「完山之鳥生四子，羽翼已成，乃離四海，哀鳴送之。」按：桓山，即完山。

《作者傳略》

韋世康，杜陵人。幼即沉敏有器度，年十歲，州辟主簿。仕魏歷周，進位上開府。高祖憂封迴之亂，因受絳州刺史。開皇中累拜荊州總管。爲政簡靜，百姓愛悅，合境無訟事。卒於州，諡文。

臨終遺弟譔書

隋書薛濬傳

隋 薛濬

吾以不造，幼丁艱酷，窮遊約處，屢絕簞瓢。晚生早孤，不聞詩禮，賴奉先人貽厥之訓，獲稟母氏聖善之規。負笈裹糧，不憚艱遠；從師就業，欲罷不能；砥行厲心，困而彌篤，服膺教義，爰至長成，自釋耒登朝㈠，於茲二十三年矣，雖官非聞達，而祿喜逮親，庶保期頤，得終色養。何圖精誠無感，禍酷薦臻，兄弟俱被奪情，苦廬靡申哀訴，是用扣心泣血，貫氣摧魂者也。既而瘡巨釁深㈡，不勝荼毒，啓手啓足，幸及同歸，使夫死而有知，得從先人於地下矣，豈非至願哉！但念爾伶俜孤宦，遠在邊服，㈢顧此恨恨，如何可言！適已有書，冀得與汝面訣，忍死待汝，已歷一旬。汝既未來，便成今古；緬然永別，爲恨何言！勉之哉！勉之哉！

《提　要》

薛濬喪母，哀毁過甚而卒。臨死遺弟謨書，一字一淚，不忍卒讀。

《注　釋》

㈠釋耒登朝　耒，耒耜；釋耒登朝，謂棄農而仕也。

㈡瘡巨亹深　濬丁母艱，歸葬夏陽。時在隆冬，濬衰絰徒跣，冒犯霜雪，自京及鄉五百餘里，足凍墮指，瘡血流離。亹，與釁同，裂縫也。

㈢遠在邊服　時謨在揚州爲晉王府兵曹參軍。

《作者傳略》

薛濬，字道頤，汾陰人。少孤。養母以孝聞。開皇初擢拜尚書虞部侍郎，尋轉考功侍郎。帝聞其孝，賜母輿服几杖，四時珍味，當時榮之。及母卒，毁瘠過甚，上爲之改容。旋以不勝喪病而卒。

【唐】

唁薛元敬書

舊唐書薛收傳

唐 李世民

吾與卿叔共事，或軍旅多務，或文詠從容，何嘗不驅馳經略，款曲襟抱。比雖疾苦，日冀痊除，何期一朝忽成萬古㊀！追尋痛惋，彌用傷懷！且聞其兒子幼小，家徒壁立，未知何處安置？宜加安撫，以慰吾懷。

《提　要》

薛收事李世民，多功績。及卒，世民親自臨哭，哀慟左右；並手書與收從父兄子元敬，敕其善撫遺族；又使人弔祭贈物三百段。

《注　釋》

㊀萬古　哀死者之詞。

《作者傳略》

李世民，成紀人，唐高祖李淵之子。聰明英武，銳精經術。隋末羣雄蠭起，勸父舉兵，征服四方，成一統之業。初封秦王，後立爲太子。既即位，銳意圖治，去奢輕賦，寬刑整武，海內昇平，威及域外。在位三十三年卒，廟號太宗。世民亦好文學，朝聽之間，嘗與文臣論典籍，雜以文詠。有文集四十卷，館閣書目詩、凌煙閣功臣讚各一卷。

責田游岩㊀書

舊唐書蔣儼傳

唐　蔣儼

足下負巢由㊁之峻節，傲唐虞之聖主，養煙霞之逸氣，守林壑之遯情，有年載矣，故能聲出區宇，名流海內，主上屈萬乘之重，申三顧㊂之榮，遇子以商山之客㊃，待子以不臣之禮，將以輔導儲貳㊄漸染芝蘭耳。皇太子春秋鼎盛，聖道未周，拾遺補闕，臣子恒務。僕以不才，猶參廷諜，誠以素非德厚，位班卒伍，言以人廢，不蒙採掇。足下受調護之寄，是可言之秋，唯唯而無一談，悠悠以卒年歲。向使不飡周粟㊅，僕何敢言；祿及親矣，將何酬塞？想爲不達，謹書起予。

《提　要》

田游岩隱居箕山，居許由祠旁，自號「許由東鄰」。高宗幸嵩山，至其門，徵爲太子洗馬。時蔣儼爲右衛副率，以游岩無所規益，以書責之；游岩不能答。

《注 釋》

㈠田游岩 三原人，唐初隱士。
㈡巢由 見吳蒼遺矯仲彥書注。
㈢三顧 蜀主劉備嘗三顧諸葛亮於茅廬。
㈣商山之客 秦末，東園公、綺里季、夏黃公、角里先生，嘗隱於商山，時人號爲商山四皓。
㈤儲貳 謂太子也。
㈥不飡周粟 殷亡，伯夷叔齊恥食周粟，餓死於首陽山。

《作者傳略》

蔣儼，義興人。貞觀中爲右屯衛兵曹參軍。太宗將征遼東，募使高麗者，衆皆畏憚，儼獨請行。及歸拜朝散大夫，轉蒲州刺史，稱爲良牧。永淳元年，除太子右衛副帥，歷遷右衛大將軍、太子詹事。以年老致仕，卒於家。有文集五卷。

與親情書

駱賓王文集

唐　駱賓王

風壤一殊，山河萬里，或平生未展，或睽索累年，存没寂寥，吉凶阻絕，無由聚洩，每積凄涼。近緣之官，佐任海曲㈠，便還故里，冀敍宗盟；徒有所懷，未畢斯願。不意遠勞折簡，辱逮湮淪，雖未敍言，暫如披面。晚夏炎鬱，並想履宜。賓王疾患，忽無況耳。

《提　要》

駱賓王久離梓里，思鄉彌切，當除臨海丞之任時，初擬返鄉一行，又以事未果。有親戚貽書；賓王因答之。

《注　釋》

㈠海曲　海之隈曲處，謂臨海縣也。

《作者傳略》

駱賓王，義烏人。少善屬文，尤妙於五言詩。然落魄無行，好與博徒遊。初爲道王府屬，歷武功主簿。武后時數上疏言事，下除臨海丞，鞅鞅不得志，棄官去。徐敬業起兵討武后，署賓王爲府屬；及敬業敗，賓王亡命，不知所之。所爲文多散失，有兗州人郄雲卿集成十卷行於世。

再與親情書

駱賓王文集

唐　駱賓王

某初至鄉閭，言尋舊友，耆年者化爲異物，少壯者咸爲老翁；山川不改舊時，丘隴多爲陳跡，感今懷古，撫存悼亡，不覺涕之無從也！詢問子姓，彼亦凋零，永言傷情，增以悲慟；雖死生之分，同盡此途，而存亡之情，豈能無恨！終期展接，以申闊懷。取此月二十日栖桐成禮，事過之後，始可得行。衹敍尚賒，傾系何極！各願珍勖，遠無所詮。

《提　要》

駱賓王又與親情書，敍回鄉後情景非昨，不勝今昔之感。

《作者傳略》

見前。

與契苾將軍㊀書 王子安集

唐 王 勃

昊天不忱，哲人終否，畢公㊁逝矣，傷如之何！敬想情則懿親，義惟良執，非夫人之爲慟，其誰爲慟乎？僕與此公早投交契，夷險之際，終始如一，常思並建忠孝之績，共申家國之讎。壯志不就，古人所悲，何圖一日長訣，嗚呼哀哉！管仲不存，叔牙空在㊂；子皮已喪，子產何依㊃？興言追昔，良增痛悼！適得韋四郎書，具承大郎㊄雅意，知欲以此公碑誌，託之下走。夫撫今懷昔，理寄斯文，旌德敍功，事屬知己，是以子期幽思，感叔夜之形言㊅；伯喈雄藻，待林宗而無愧㊆。下走雖不敏，幸託深期，此而不爲，誰當爲者？但恐位卑先達，才非拔萃，虛承厚睠，不副高聞。謹遣舍弟勔㊇往，面取進止。臨書啜泣，慘惶不次。

《提要》

畢公卒，契苾何力知畢與王勃善，因倩韋四郎求勃爲其撰碑誌。勃作書報之。

《注釋》

㈠契苾將軍　即契苾何力。本突厥可汗孫，貞觀中仕唐，累功進位鎮軍大將軍。
㈡畢公　未詳。
㈢管中二句　見陶潛與弟子書注。
㈣子皮二句　子皮即春秋鄭大夫罕虎；嘗掌國政，知子產賢，授之以政。及卒，子產哭之曰：「吾無與爲善矣！」
㈤大郎　稱契苾將軍。
㈥子期二句　晉向秀，字子期，與嵇康（字叔夜）善。康爲鍾會所譖，遇害，子期傷之，有思舊賦之作。
㈦伯喈二句　見沈約答樂藹書注。
㈧勛　唐書作助，字子功。

《作者傳略》

王勃，字子安，龍門人。六歲解屬文，未及冠，沛王召爲王府修撰，因作檄英王雞文，被廢。父福畤爲交趾令，勃往省覲，途過南昌，值都督閻公新修滕王閣成，大會賓客，命勃作序，既成，大爲諸賢贊嘆。後舟入海洋，溺死，年止二十九。有文集三十卷行世。

爲建安王與諸將書

（陳拾遺集）

唐　陳子昂

使至辱書，仰知都督率兵馬，摧破凶虜，遠聞慶快，實慰永懷。公等忠勇兼資，統率多算，同心戮力，殉節忘軀，以剋翦逋兇，揚國威武。在此將士，聞公等殊戰，賊不當鋒，莫不西望憤勇，欽羨獨剋，甚善！甚喜！

即日契丹逆醜，天降其災，盡病水腫，命在旦夕。營州㈠饑餓，人不聊生，惟待官軍，即擬歸順。某此訓勵兵馬，襲擊有期，六軍長驅，此月將發；恨不得與諸公等共觀諸將斬馘獻俘！

旦夕嚴寒，願各休勝！契丹破了，便望迴兵平殄默啜㈡。與公等相見有日，預以慰懷。臨使忽忽，書不盡意。

《提　要》

建安王武攸宜，嘗統軍北討契丹。子昂爲攸宜參謀，一切文翰皆委之；此爲代攸宜慰勞諸將書。

《注　釋》

㈠營州　古十二州之一，當今河北舊永平府地。唐時置營州都護府，後與契丹雜居。

㈡默啜　突厥首領。

《作者傳略》

陳子昂，字伯玉，射洪人。家世豪富。年十八，猶不知學，任俠尚氣。後入鄉校感悔，折節苦讀，精窮典籍，善屬文。武后奇其才，擢麟台正字，以母喪去官。服終，擢右拾遺。旋出爲武攸宜參謀，以父老解官歸。縣令貪暴，聞其富，收捕之；未幾，死於獄中。有文集十卷。

弔陳司馬書

張燕公文集

唐 張說

正月癸卯，孤子范陽㊀張說頓首頓首，陳君之靈：頃伏苫蓋㊁，遠辱慰疏，執對號慟，次於展洩㊂。來使未遂，傳君遇禍，盡哀寢外，傷心痛骨。明府兄疏德南邦，飛聲中夏，急人之急，憂人之憂，勇於履危，果於從政。入使天闕，有專對之美；按俗交州㊃，見澄清㊄之節。故得振衣衡管㊅，割錦㊆閩鄉㊇。越嶂舊風，人狃輕剽，振之以淳俗，格之以華章。矯枉過中，斯害也已，齒由剛折㊈，膏爲明銷㊉。嗚乎！陳君婞直而殞，皇天輔德，問之何故？

疇昔炎海，契闊周旋，義則友朋，恩結兄弟。方期歲暮，煒煒相榮，玄髮⑪未華，何圖零落！山濤猶在，嵇紹不孤⑫，逝者有知，當昭是意。今返防關，力報前書。幽明雖異，交友無改。悲言下筆，涕泗從之。並往千錢，俾陳奠酹。歔欷萬里，哀哉奈何！說頓首再拜。

《提　要》

張說遭母喪，陳司馬（名未詳）遣使弔言，使未還。傳陳遇禍卒，說因追書以弔。

《注　釋》

㈠范陽　唐郡名，故治在今河北大興縣。
㈡苫蓋　居喪者所用之草席也。
㈢展洩　謂節哀也。
㈣交州　今廣東廣西及安南地。
㈤澄清　後漢書范滂傳：「滂登車攬轡，慨然有澄清天下之志。」
㈥衡管　今湖南衡山等地，爲唐節度使管轄之區。
㈦割錦　左傳襄公三十一年：「子有美錦，不使人學製焉。」
㈧閩鄉　即今福建省，爲古七閩地。
㈨齒由剛折　老子：「齒之亡也，豈非以其剛邪？」
㈩膏爲明銷　漢書：「膏以明自煎，薰以香自銷。」

㈡玄髮　謂黑色之髮也。

㈢山濤二句　山濤，字巨原，晉懷人。嵇紹，字延祖，嵇康子，事母孝謹，山濤荐諸武帝，徵爲秘書郎。

《作者傳略》

張說，字道濟，又字說之，范陽人，後徙洛陽。永昌中，舉賢良方正第一，授太子校書郎，遷左輔闕。睿宗時，拜中書令，封燕國公，朝廷大述作，多出其手，時人稱爲大手筆。以與姚崇不協，罷爲相州刺史，累遷岳州，後復爲中書令。卒謚文貞。有文集三十卷。

山中與裴迪㈠秀才書

王右丞文集

唐　王　維

近臘月下，景氣和暢，故山㈡殊可過。足下方溫經㈢，猥不敢相煩。輒便往山中，憩感配寺㈣，與山僧飯訖而去。北涉元灞㈤，清月映郭，夜登華子岡㈥，輞水淪漣，與月上下；寒山遠火，明滅林外；深巷寒犬，吠聲如豹；村墟夜舂，復與疎鐘相間。此時獨坐，僮僕靜默，多思曩昔，攜手賦詩，步仄逕，臨清流也。當待春中，草木蔓發，春山可望；輕鯈出水，白鷗矯翼，露溼青皋㈦，麥隴朝雊，斯之不遠，儻能從我遊乎？非子天機清妙者，豈能以此不急之務相邀；然是中有深趣矣，無忽。因馱黃蘗人往，不一。山中人王維白。

《提　要》

王維有別業在輞川，常與裴迪同遊，賦詩為樂。此為邀裴迪過遊書。

《注　釋》

㈠裴迪　唐關中人，初與王維崔興宗居終南山，同倡和。天寶后，爲蜀州刺史，遷尚書省郎。

㈡故山　謂藍田終南山。王維別墅在山口輞川。

㈢溫經　王維晚年常與裴迪共研佛經。

㈣感配寺　在藍田縣東南。

㈤元灞　水名，一作玄灞，在陝西咸寧縣東。

㈥華子岡　輞川別業勝境之一。

㈦青皋　草原也。

《作者傳略》

王維，字摩詰，太原祁人，因父徙於蒲，遂爲河東人。九歲知屬辭。開元初，舉進士，擢右拾遺，監察御史，後遷尚書右丞。工草隸善詩畫。其所畫山水，爲畫家南宗之祖。晚年隱居輞川，賦詩爲樂，有集及畫學秘訣，並傳於世。

薦樊衡書（唐文粹）

唐 崔 顥

夫相州㊀者，先王之舊都，西山雄崇，足是秀異。竊見縣人樊衡，年三十，神爽清悟，才能絕倫，雖白面書生，有雄膽大略，深識可以軌時俗，長策可以安塞裔；藏用守道，實有歲年。今國家封山勒崇㊁，希代罕遇，含育之類，莫不踴躍，況詔徵隱逸，州貢茂異；衡之際會，千載一時。君侯復躬自執主，陪鑾日觀㊂，此州名藩，必有所舉；當是舉者，非衡而誰？伏願不棄賢才，賜以甄奬，得奔大禮，升聞天朝。衡因此時，策名樹績，報國榮家。今當代之士，知出君侯之門矣。顥不勝區區，敢聞左右；俯伏階墀，用增戰汗！

《提 要》

唐開元十三年封泰山，張說爲宰相，扈行。說所親多得五品官。此書，雖未題寄與何人，所稱君侯，疑即說也。

《注　釋》

㈠相州　即今河南安陽縣治。

㈡封山勒崇　指明皇封泰山事。

㈢日觀　日觀峯，泰山頂觀日出處也。

《作者傳略》

崔顥，汴州人。開元中舉進士。有詩才，李邕聞其名，虛舍邀之；後顥浪漫，好酒色，乃未接待。官終司勳員外郎。有詩集一卷傳世。

與李太保乞米帖

顏魯公文集

唐　顏眞卿

拙於生事㈠，舉家食粥來已數月。今又罄竭，祇益憂煎。輒恃深情，故令投告。惠及少米，實濟艱勤，仍恕干煩也！眞卿狀。

《提　要》

顏魯公爲刑部尚書時，嘗乞米於李太保；居官清廉，可想而見。

《注　釋》

㈠生事　生產之事。

《作者傳略》

顏真卿，字清臣，臨沂人。開元中，爲監察御史，爲楊國忠所惡，出爲平原太守。度安祿山必反，陰爲之備。後祿山果反，平原獨未遭難。代宗時遷至尚書右丞，封魯郡公。德宗立，盧杞惡之，改太子太師。會李希烈反，杞建言遣真卿往諭。希烈數迫之，終不屈，被縊殺。諡文忠。真卿博學能文，尤工正草書，有文集及碑帖傳世。

守政帖

顏魯公文集

唐 顏眞卿

政可守，不可不守。吾去歲中言事得罪，又不能逆道苟時，爲千古罪人也。雖貶居遠方，終身不恥。汝曹當須會吾之志，不可不守也！

《提　要》

顏魯公在肅宗朝屢坐讒被貶。此為赴謫地時手書誡其子孫者。全文雖寥寥四五十字，其忠義氣節，已昭然若揭，千載之下，使人讀之，尚可畏而仰也。

《作者傳略》

見前。

上中書張舍人書

唐文粹

唐 邵說

某白；一昨猥辱面奉徵及玫瑰，弊廬所有，敢不供上；輒獻數本，惟恕其非多。此物嘗開花明媚，可置之近砌，芳香滿庭；雖萱草忘憂，合歡蠲忿㈠，無以尚也。

夫花卉以明媚芳香之故，閣下不憚煩以採掇，則士之有才有藝者，必將盡力而搜求，人人相賀，皆有望於明公矣。某猶慮花卉移植之際，或有夭閼其生；詢樹藝之叟，求長養之術。叟曰：「以吾鄙見：先務及時，第能當春徙之，度地居之，順其陰陽，遂其成性。根莖未固，擁之以沃土；枝葉未茂，溉之以寒泉；則扶疏鬱映，紅芳可得而翫矣。」觀叟所爲，其理信然。然誠以臃腫之姿，願附以玫瑰之末；擁土溉泉，非明公而誰？良時在茲，無或遐棄。不宣。某頓首。

《提　要》

邵說應張舍人之徵，獻所植玫瑰；並以玫瑰喻士，——實則以喻本身——向張進禮賢納士之意。

《注　釋》

㈠萱草忘憂二句　萱古作諼，詩衛風伯兮：「焉得諼草」注：「諼草令人忘憂。」合歡，木名，其花俗稱夜合花。嵇康養生論：「合歡蠲忿，萱草忘憂。」

《作者傳略》

邵說，安陽人。初受知於郭子儀，留爲幕府，累遷長安令，秘書少監。德宗立，擢吏部侍郎，後貶歸州刺史，卒。有文集十卷。

與何員外書

元次山文集

唐 元結

月日，次山白，何夫子執事：皮弁，時俗廢之久矣，非好古君子，誰能存之？忽蒙見贈，驚喜無喻。次山漫浪者也，苦不愛便事之服，時世之巾。昔年在山野，曾作愚巾凡裘，異於制度：凡裘領緇界緇緣緇帶，其餘皆褐，帶聯後縫，中腰前繫；愚巾頂方帶方垂方，緇葛爲之，玄然爲綏。次山自衣帶巾裘，雖不爲時人大惡，亦嘗辱其嗤誚。方欲雜古人衣帶以自免，辱贈及皮弁，與凡裘正相宜。若風霜慘然，出行林野，次山則戴皮弁，衣凡裘；若大暑蒸溼，出見賓客，次山則戴愚巾，衣野服。野服大抵緇褐布葛爲之也，腰擔爲裳，短襟爲衣，裳下及屨，衣垂及膝下。不審夫子異時歸休，適在山野，能衣戴此者不乎？若以爲宜，當各造一副送往。元次山白。

《提　要》

唐永泰中，元結以親老歸樊上，著書自娛，服凡裘愚巾，不與世俗周旋。戶部員外何昌裕贈以皮弁，結作書報之。

《作者傳略》

元結字次山，河南人。始號猗玗子，繼稱浪士，亦稱漫郎，後更稱聱叟。少不羈，年十七，乃折節向學。肅宗時，累官水部員外郎，佐荊南節度使呂諲拒賊。代宗時，以親老歸樊上，著書自娛。晚年起拜道州刺史，進授容管經略使。罷還京師，卒。有文集傳世。

與李相公㈠書

元次山文集

唐 元結

月日，新授右金吾兵曹參軍，攝監察御史元結頓首，相公執事：某性愚弱，本不敢干時求進；十餘年間，在山野過爲知己，猥見稱謽。辱在鄉選，名汚上第，退而知恥，更自委順，亦數年矣。中逢喪亂，奔走江海，當死復生，見有今日；林壑不保，敢思祿位？忽枉公詔，命詣京師，州縣發遣，不得辭避，三四千里，煩勞公車，始命蹈舞帝庭。即日辭命，擔囊乞丐，復歸海濱。今則過次授官，又令將命，謀人軍者，誰曰易乎？相公見某，但禮文拜揖之外，無所問焉。忽然狂妄男子，不稱任使，坐招敗辱，相公如何？某所以盡所知見，聞於左右，不審相公以爲可否？如曰不可，合正典刑，欺上罔下，是某之罪。謹奉詔書及章服，待命屏外。某頓首。

《提　要》

唐乾元中，元結新拜監察御史，有所建言，因上書與中書侍郎平章事李揆。

《注　釋》

㊀李相公　名揆，字端卿，隴西人。

㊁中逢喪亂　謂安祿山及史思明之亂。

《作者傳略》

見前。

與朱滔㈠書

舊唐書劉怦傳

唐　劉　怦

司徒立崇太尉，尊居宰相，恩寵冠藩臣之右，榮遇極矣。今昌平㈡故里，朝廷改爲「尉卿司徒里」，此亦大夫不朽之名也；但以忠順自持，則事無不濟。竊思近日務大樂戰，不顧成敗，而家滅身屠者，安史㈢是。暴亂易亡，今復何有？怦忝密親，世荷恩遇，默而無告，是負重知，惟司徒圖之，無貽後悔也！

《提　要》

唐德宗建中三年，朱滔與王武俊等謀叛，滔姑之子怦，時爲幽州留後車，遣人齎書諫阻，滔雖不用其言，亦嘉其婞直，卒無疑貳。

《注　釋》

㈠朱滔　昌平人。大曆中，爲盧龍節度使留後，兼御史大夫。建中三年，與王武俊等謀叛，潛立國號。後與武俊不睦，兵敗，上書待罪。貞元初，卒。

㈡昌平　故治在今河北昌平縣治西。

㈢安史　謂安祿山史思明。安史自唐大寶十四年，至廣德元年先後叛亂凡九年，史稱安史之亂。

《作者傳略》

劉怦，昌平人。少爲范陽裨將，朱滔時積功至雄武軍使。及滔死，軍中推怦總其事，尋詔爲節度副大使，卒贈兵部尚書。謚恭

與徐給事論文書 唐文粹

唐　柳冕

文章本於教化，形於治亂，繫於國風，故在君子之心爲志，形君子之言爲文，論君子之道爲教。易云：「觀乎人文，以化成天下○」，此君子之文也。自

屈宋㈠以降，爲文者本於哀艷，務於恢誕，亡於比、興㈡，失古義矣。雖揚、馬㈣形似；曹、劉㈤骨氣，潘、陸㈥藻麗，文多用寡，則是一枝，君子不爲也。

昔武帝㈦好神仙，而相如㈧爲大人賦以諷，帝覽之，飄然有淩雲之氣；故揚雄病之曰：「諷則諷矣，吾恐不免於勸也！」蓋文有餘而質不足則流，才有餘而雅不足則蕩；流蕩不返，使人有淫麗之心，此文之病也；雄雖知之，不能行之，行之者惟荀、孟、賈生、董仲舒㈨而已。

僕自下車，爲外事所感，感而應之爲文，不覺成卷；意雖復古而不逮古，則不足以議古人之文。噫！古人之文，不可及之矣，得見古人之心，在於文乎！苟無文，又不得見古人之心，故未能亡言，亦志之所之也。

《提　要》

柳冕博學富文辭，其爲文重實質，不尚藻麗浮誕，於此簡中，述之盡矣。

《注　釋》

㈠觀乎二句　見易賁卦。

㈡屈宋　謂楚屈原宋玉。

㈢比興　毛詩有六體，有比有興；比謂以彼物比此物，興謂情之感物而發者，先言他物以引起所詠之辭也。

㈣揚馬　謂漢揚雄與司馬遷。

㈤曹劉　謂三國曹植劉楨。

㈥潘陸　謂晉潘岳與陸機陸雲。

㈦武帝　謂漢武帝。

㈧相如　即司馬相如。

㈨荀孟賈生董仲舒　荀，荀況；孟，孟軻；俱戰國時人。賈誼、董仲舒，俱漢人。

《作者傳略》

柳冕，字敬叔，河東人。博學善文。世爲史官，父子並居集賢院，累遷太常博士。後以論議勁切，出爲婺州刺史，兼福建觀察使。及代還，卒。有文集傳於世。

薦齊孝若書（唐文粹）

唐　令狐楚

某官至，辱垂下問，令公舉一人可管記㊀之任者。愚以爲軍中之書記，節度之喉舌，指事立言而上達思中天心㊁；發號出令以下行；期悅人意；諒非容易而可專據。

竊見前進士高陽㊂齊孝若，字考叔，年二十四，學必專授，文皆雅正，詞賦甚精，章表殊健；疎眉目，美風姿；外若坦蕩，中甚畏慎。執事儻引在幕下，列於賓佐，使其馳一檄，飛一書，必能應馬上之急求，言腹中之所欲。夫掇芳刈楚，不棄幽遠，況孝若相門子弟，射策甲科，家居君侯之化下且數年矣。不勞重幣，而獲至寶，甚善！甚善！雄都大府，多士如林，最所知者，實斯人也，請爲閤下記其若此；惟用與捨，高明裁之。

《提　要》

令狐楚荐齊孝若於某節度使。初述管記職責之重，暨稱孝若之才，極稱斯職；末又以「請為閤下記其若此」及「惟用與捨，高明裁之」數語作結，宛轉周至，使得書者不忍拂其意。

《注　釋》

㈠管記　管理文牘之職；猶今之秘書。

㈡天心　謂皇上之心意

㈢高陽　縣名即今河北高陽縣。

《作者傳略》

令狐楚，字殼士，華原人。五歲能為辭章。及冠，貢進士，召右拾遺。累遷河陽懷節度使，又入為中書侍郎，同平章事。後拜山南西道節度使。卒諡文。楚才思俊麗，尤善牋奏制令，為世所稱。有漆奩集、梁苑文類、表奏集等傳世。

答李秀才(一)書

昌黎先生集

唐　韓　愈

愈白，故友李觀(二)（元賓），十年之前，示愈別吳中故人詩六章，其首章，則吾子也。盛有所稱引元賓行峻潔清，其中狹隘，不能包容於尋常人，不肯苟有論說；因究其所以，於是知吾子非庸衆人。時吾子在吳中，其後愈出在外，因無緣相見。元賓既沒，其文益可貴重。思元賓而不見，見元賓之所與者，則如元賓焉。今而辱惠書及文章，觀其姓名，元賓之聲容，恍若相接；讀其文辭，見元賓之知人，交道之不污。甚矣！子之心，有似吾元賓也！子之言，以愈爲不違孔子，不以琢雕爲工，將相從於此。愈敢自愛其道，而以辭讓爲事乎？然愈之所志於古者，不惟其辭之好，好其道焉爾。讀吾子之辭，而得其所用心，將復有深於是者，與吾子樂之，況其外之文乎？愈頓首。

《提要》

李秀才示所作文於韓愈，並請相從。愈以李為亡友李觀所重，亦傾慕之，故答書樂與之交。文中上段稱譽李秀才，處處從李觀說起，用筆超逸，不如俗文之直言稱道。

《注釋》

㈠李秀才　名師錫，或云圖南，未是孰是。

㈡李觀　字元賓，貞元進士，舉弘辭，授太子校書郎。善屬文，與韓愈相上下。貞元十年卒，年纔二十有九。

《作者傳略》

韓愈，字退之，河內南陽人（舊唐書作昌黎人，新唐書作鄧州南陽人，此從朱子考定）。幼孤，折節讀書，由進士累官吏部侍郎。性明銳，操行堅正，在朝鯁直無所忌。德宗時，上疏極論宮市，憲宗時，諫迎佛骨，俱坐貶，在外有惠政。在袁州時，解放民間奴隸，民尤德之。卒謚文。愈通貫六經百家之說，為文閎深奧衍，爲後世所宗。有文集四十卷，順宗實錄三卷，並行於世。

答尉遲生㊀書（昌黎先生集）

唐　韓愈

愈白，尉遲生足下：夫所謂文者，必有諸其中，是故君子愼其實。實之美惡，其發也不揜，本深而末茂。形大而聲宏，行峻而言厲，心醇而氣和；昭晰㊁者無疑，優游者有餘。體不備不可以爲成人，辭不足不可以爲成文。愈之所聞者如是，有問於愈者，亦以是對。今吾子所爲皆善矣。謙謙然若不足，而以徵於愈，愈又敢有愛於言乎？抑所能言者，皆古之道。古之道，不足以取於今，吾子何其愛之異也？賢公卿大夫，在上比肩，始進之賢士，在下比肩，彼其得之，必有以取之也。子欲仕乎？其往問焉，皆可學也。若獨有愛於是，而非仕之謂，則愈也嘗學之矣，請繼今以言。

《提要》

尉遲生向韓愈有所請益，愈以未知生之志趣所在，故先覆一書以探之。

《注釋》

㈠尉遲生　名汾。韓愈嘗薦之於陸員外傪。

㈡昭晰　明也。

《作者傳略》

見前。

爲人求薦書　昌黎先生集

唐　韓　愈

某聞木在山，馬在肆㈠，遇之而不顧者，雖日累千萬人，未爲不材與下乘也。及至匠石㊁過之而不眄，伯樂遇之而不顧，然後知其非棟樑之材，超逸之足也。以某爲公之宇下，非一日，而又辱居姻婭之後，是生於匠石之園，長於伯樂之廐者也，於是而不得知，假有見知者，千萬人，亦何足云！今幸賴天子每歲詔公卿大夫貢士，若某等比，咸得以薦聞，是以冒進其說，以累於執事，亦不自量已；然執事其知某如何哉？昔人有鬻馬不售於市者，知伯樂之善相也，從而求之；伯樂一顧，價增三倍。某與其事頗相類，是故終始言之耳。某再拜。

《提　要》

韓愈爲人代作求薦書，措詞不亢不卑，懇切周至，使得書者大有無法推諉之慨。

《注　釋》

㊀肆　市馬之地。莊子：「彼已盡矣，而汝求之以爲有。是求馬於唐肆也。」

㊁匠石　匠人名石。莊子：「匠石運斤成風。」

《作者傳略》

見前。

答陳商㊀書 昌黎先生集

唐　韓　愈

愈白：辱惠書，語高而旨深，三四讀尚不能通曉，茫然增愧赧。又不以其淺弊無過人知識，且喻以所守，幸甚！愈敢不吐情實！然自識其不足補吾子所須也。

齊王好竽，有求仕於齊者，操瑟而往，立王之門，三年不得入，叱曰：「吾瑟鼓之，能使鬼神上下；吾鼓瑟，合軒轅氏之律呂。」客罵之曰：「王好竽而子鼓瑟；雖工，如王不好何！」是所謂工於瑟而不工於求齊也。今舉進士於此世，求祿利行道於此世，而爲文必使一世人不好，得無與鼓瑟立齊門者比歟？文雖工，不利於求；求不得，則悲且怒，不知君子必爾爲不也。故區區之心，每有來訪者，皆有意於不肖者也；略不辭讓，遂盡言之，惟吾子諒察！愈白。

《提要》

韓愈為國子先生時，商未第，以文求益，愈以其文雖語高旨深，其如不合時宜，書以正之。

《注釋》

㊀陳商　字述聖，繁昌人。初隱高仁山。後登進士第，官終祕書監。

《作者傳略》

見前。

答元侍御㊀書

昌黎先生集

唐　韓愈

九月五日，愈頓首，微之足下：前歲辱書，論甄逢父濟，識安祿山必反，即許爲暗，棄去；祿山反，有名號，有逼致之，濟死執不起，卒不汙祿山父子事。又論逢知讀書，刻身立行，勤己取足，不干州縣斥其餘以救人之急。足下繇是與之交，欲令逢父子名迹存諸史氏。足下以抗直喜立事，斥不得立朝㊁；失所不自悔，喜事益堅。微之乎！子真安而樂之者！謹詳足下所論載：校之史法，若濟者，固尚得附書，今逢又能行身幸於方州大臣，以標白其先人事，載之天下耳目，徹之天子，追爵其父第四品，赫然驚人。逢與其父，俱當得書矣。濟逢父子，自吾人發。春秋美君子樂道人之善；夫苟能樂道人之善，則天下皆去惡爲善，善人得其所，其功實大，足下與濟父子俱宜牽聯得書。足下勉逢令終始其躬，而足下年尚彊，嗣德有繼，將大書、特書、屢書、不一書而已也。愈既承命，又執筆以竢。愈再拜。

《提　要》

韓愈拜比部郎中史館修撰時，元積以書言甄濟父子事，丐愈筆之於史，愈答書允之，並美積之樂揚人之善。

《注　釋》

㈠元侍御　名稹，字微之（詳見元稹答裴相公破淮西啓作者傳略）。

㈡甄逢父濟　濟字孟成，無極人。天寶中，拜左拾遺。安祿山求濟於帝，授范陽掌書記。後察祿山有反謀，詐病棄去。肅宗時復起，官至侍御史。子逢，幼孤；及長，自力耕讀，不謁州縣。嘗以父名不得列國史，欲詣京師自言。後以與元稹善，稹移書韓愈，由是父子俱顯。

㈢足下二句　元和五年，稹以監察御史分司東都執政，以其年少，務作威福，貶江陵府曹。

《作者傳略》

見前。

與華州李尚書㈠書 昌黎先生集

唐　韓　愈

比來不審尊體動止何似？乍離闕庭，伏計倍增戀慕。愈於久故游從之中，伏蒙恩獎知待，最深最厚，有無比者。懦弱皆塞，不能奮勵出奇，少答所遇。拜辭之後，竊念旬朔，不即獲侍言笑；東望殞涕，有兒女之感，獨宿直舍。無可告語，展轉歔欷，不能自禁。

華州雖實百郡之首，重於藩維；然閣下居之則爲失所。愚以爲苟慮有所及，宜密以上聞，不宜以疎外自待。接過客俗子，絕口不挂時事，務爲崇深，以拒止嫉妒之口。親近藥物方書，動作步趨，以致和宣滯。爲國自愛，副鄙陋拳拳之心，幸甚！幸甚！謹奉狀不宣。愈再拜。

《提　要》

韓愈與李絳同年。絳於元和十年二月出刺華州，愈遺書敍舊，并致箴詞。

《注　釋》

㈠華州李尚書　李絳，字深之，贊皇人。元和中，累遷中書侍郎，同中書門下平章事，旋出刺華州。華州故治，在今陝西華縣。

㈡直舍　禁中直宿處。韓愈時以考工郎中知制誥，故常直宿宮禁。

《作者傳略》

見前。

與柳子厚㈠書

劉夢得文集

唐　劉禹錫

間發書，得箏郭師㈡墓志一篇，以爲其工獨得於天姿，「使木聲絲聲，均其所自出，抑折愉繹，學者無能㈢」。如繁休伯之言薛訪車子，不能曲盡如此。能令鄙夫沖然南望，如聞善音，如見其師。尋文寤事，神騖心得，徜徉伊鬱，久而不能平。嗟夫！郭師與不可傳者死矣！絃張柱差，枵然㈢貌存，中有至音，含糊弗聞。噫！人亡而器存，布方册者是已。予之伊鬱也，豈獨爲郭師發耶！想足下因僕書，重有慨爾。不宣。禹錫白。

《提　要》

柳子厚以所撰箏郭師墓志示禹錫，禹錫讀而有感，書答子厚。

《注　釋》

㈠柳子厚　名宗元。詳見柳宗元答貢士廖有方論文書作者傳略。

㈡箏郭師　雲中人。善音，能鼓十三絃。既失父母，即棄兄弟入清涼山爲僧，後又縱髮爲黃老術。及卒，柳宗元爲撰墓志。

㈢使木聲絲聲四句　係引墓志中原文。

㈣繁休伯句　後漢繁欽，字休伯，與曹丕牋：「頃諸鼓吹，廣求異妓。時都尉薛訪車子，年始十四，能喉轉引聲，與笳同音。白上呈見，果如其言。」按見文選。按：車子，左御者之稱。

㈤枵然　中空虛也。

《作者傳略》

劉禹錫，字夢得，彭城人。工詩文。初爲杜佑書記，後入爲監察御史。王叔文重其才，引柳宗元同議禁中，所言必從。叔文敗，貶郎州司馬。後召還，以作玄都觀詩，譏刺執政，出爲播州刺史。累遷至集賢院學士，復刺蘇州。晚年以文章自娛，白居易推爲詩豪。有文集四十卷。

謝門下武相公㈠啓

劉夢得文集

唐　劉禹錫

某啓：某一坐飛語㈡，廢錮十年。昨蒙徵還，重罹不幸。詔命始下，周章㈢失圖，吞聲咋舌，顯白無路。豈謂烏鳥微志，惻於深仁，恤然動拯溺之懷，煦然存道舊之旨。言念轂觫，慰安蒼黃，推以恕心，期於造膝㈣。公言一發，睿聽克從，迴陽曜於肅殺之辰，沃天波於蹭蹬之際，俾移善地，獲奉安輿㈤，率土知孝治之源，羣生識人倫之厚，感召和氣，發揚皇風，豈惟匹夫獨受甚賜，某即以今月十一日到州上訖。守在要荒，拘於印綬，巾韝詣謝，有志莫從；誠知微生不足酬德，捐軀之外，無地寄言，效節肅屏，虔然心禱，無任懇悃屏營之至！謹勒軍事衙官守左威衛慈州吉昌府別將員外置同正員常懇，奉啓起居，不宣。謹啓。

《提要》

唐王叔文陰結天下名士，欲謀領財柄取兵權以制天下之命。及事敗，劉禹錫被累，貶郎州司馬。元和十年，召還，諫官爭言不可，因又出守播州。播州荒蠻之區，武元衡及裴度以禹錫母老，為上言。得改連州，故禹錫上啓道謝。

《注釋》

㈠武相公　名元衡，字伯蒼，順宗至憲宗朝為相。
㈡飛語　謂流傳之謗言。
㈢周章　猶言彷徨。
㈣造膝　謂促膝而談
㈤安輿　言其母也。

《作者傳略》

見前。

答貢士廖有方㈠論文書

柳先生集

唐　柳宗元

三日，宗元白：自得秀才書，知欲僕爲序。然吾爲文，非苟然易也，於秀才則吾不敢愛。吾在京師時，好以文寵後輩，由吾文知名者，亦爲不少焉。自遭斥逐禁錮㈡，益爲輕薄小兒，譁囂羣朋，增飾無狀；當途人㈢率謂僕垢汚重厚，舉將去而遠之。今不自料而序秀才，秀才無乃未得嚮時之益，而受後事之累，吾是以懼。潔然盛服，而與負塗者㈣處，而又何賴焉？然觀秀才勤懇，意甚久遠，不爲頊刻私利，欲以就文雅，則吾曷敢以讓？當爲秀才言之。然而無顯出於今之世，視不爲流俗以扇動者，乃以示之，既無以累秀才，亦不以增僕之詬駡也。計無宜於此；若果能是，則吾之荒言㈤出矣。宗元白。

《提　要》

廖有方丐序於柳宗元。時宗元頗爲當局所忌，不敢輕爲人文；然以廖之意誠，乃未峻拒，故附書報之。

《注　釋》

㈠廖有方　交州人。柳宗元序中，稱其剛健重厚，孝悌信讓。

㈡斥逐禁錮　柳宗元嘗以爲王叔文故，遭貶黜。

㈢當途人　謂當世之顯達者。

㈣負塗者　謂身負塗泥者。

㈤荒言　謂荒唐之言。

《作者傳略》

柳宗元，字子厚，河東人。拜監察御史。順帝時，王叔文當政，頗倚重之。及叔文敗，被貶爲永州司馬，召還，復出守柳州。有善政，卒時，民爲祠奉之。宗元善屬文，卓偉精緻，尤精西漢詩騷，雖謫居蠻區，文名盛於天下，爲當世所推仰。有龍城錄及文集四十卷行世。

答吳秀才謝示新文書（柳先生集）

唐　柳宗元

某白：向得秀才書及文章，類前時所辱遠甚，多賀！多賀！秀才志爲文章，又在族父㊀處，蚤夜孜孜，何畏不日日新又日新也。雖間不奉對，苟文益日新，則若亟見矣。

夫觀文章，宜若懸衡然，增之銖兩則俯，反是則仰，無可私者。秀才誠欲令吾俯乎？則莫若增重其文。今觀秀才所增益者不啻銖兩，吾固伏膺而俯矣，愈重則吾俯兹甚，秀才其懋焉；苟增而不已，則吾首懼至地耳，又何間疏之患乎？還答不悉。宗元白。

《提　要》

柳宗元既被貶，南方之士，咸走數千里，從之游，經指授者，爲文辭皆有法；吳秀才亦其從游者之一也。

《注　釋》

㈠族父　未詳何人。說謂吳武陵，或謂宗元自謂其族父柳公綽，未知孰是。

《作者傳略》

見前。

謝襄陽李夷簡㈠尚書撫問啓

柳先生集

唐　柳宗元

某啓：當州㈠員外司馬李幼清傳示尚書委曲㈡，特賜記憶，過蒙存問，捧讀喜懼，浪然涕流；慶幸之深，出自望外。伏惟尚書鶚立朝端，風行天下，入統邦憲，出分主憂，控此上游㈣，式是南服，凡海內奔走之士，思欲修容於轅門之外，躡履於油幢㊄之前，譬之涉蓬瀛㊅，登崑閬㊆，不可得而進也。某負罪淪伏，聲銷跡滅，固世俗之所棄，親友之所遺，敢希大賢曲見存念！是以展轉歔欷，晝詠宵興，願爲厮役，以報恩遇。瞻仰霄漢，邈焉無由，網羅未解，縱羽翼而何施？囊檻方堅，雖虎豹其焉往？不任踊躍戀戀之至。謹奉啓起居，輕黷威嚴倍增戰越。

《提　要》

柳宗元貶守永州時，李夷簡貽書撫問，宗元上啓答謝。按元和六年，李夷簡拜檢校禮部尚書，爲山南東道節度使，啓云襄陽即此時也。

《注　釋》

㊀李夷簡　字易之，爲唐高祖五世孫。
㊁當州　謂永州也。永州古治在今湖南零陵縣。
㊂委曲　謂書信也。
㊃上游　猶言重地。
㊄油幢　麾也。

㈥蓬瀛　古代神話中之神山，蓬即蓬萊，瀛即瀛州。見拾遺記。

㈦崑閬　神話中之仙境。見海內十洲記：「崑崙山三角，其一角正北，名曰閬風巔；其一角正西北，名曰玄圃臺；其一角正東，名曰崑崙宮。」

《作者傳略》

見前。

賀趙江陵宗儒㈠辟符載㈡啓（柳先生集）

唐　柳宗元

某啓：伏聞以武都符載爲記室，天下立志之士，雜然相顧，繼以歎息，知爲善者得其歸嚮，流言者有所間執；直送之所行，義風之所揚，堂堂焉實在荆山之南矣，幸甚！幸甚！夫以符君之藝術志氣，爲時聞人，才位未會，盤桓固久，中間因緣，陷在危邦，與時偃仰，不廢其道，而爲見忌嫉者橫致脣吻。房給事以高節特立，明之於朝；王吏部以清議自任，辨之於外；然猶小人浮議，困在交戟㊂。凡諸侯之欲得符君者，城聯壤接，而惑於沸騰，環視相讓，莫敢先舉；及受署之日，則皆開口垂臂，悵望悼悔。譬之求珠於海，而徑寸先得，則衆皆快然罷去，知奇寶之有所歸也。嗚呼！巧言難明，下流多訕㊃，自非大君子出世之氣，則何望焉？瞻望清風，若在天外，無任感激欣躍之至。輕瀆陳賀，不勝戰越。不宣。

《提　要》

符載爲韋皋支使時，嘗爲劉闢撰直贊，有句云：「行義則固，輔仁則通。他年良覿，麟閣之中。」及劉闢以罪誅，載雖免禍，士士咸懼不敢用。趙宗儒重其才，岸然延之幕中。柳宗元在貶守。聞而遺書以賀。細玩此書，雖慶宗儒得人，實則宗元借符以泄胸中之磈磊耳。

《注　釋》

㊀趙江陵宗儒　字秉文，穰人。元和初，拜檢校吏部尚書，守江陵尹，兼御史大

夫、荊南節度使。

㈡符載　字厚之，蜀人。有奇才，工詩文。初隱廬山，後累官至監察御史。

㈢交戟　謂守衛者。漢書劉向傳：「今佞邪與賢臣並交戟之內。」

㈣訕　一本作「謗」。

《作者傳略》

見前。

賀裴相公㊀破淮西啓（元氏長慶集）

唐　元　稹

某啓：伏見當道節度使牒，伏承相公生擒吳元濟㊁，歸斬闕下，功高振古，事絕稱言，億兆讙呼，天下幸甚！

某聞舉世非之而心不惑者謂之明，羣疑未亡而計先定者謂之智。日者天棄淮蔡㊃，蓄爲汙瀦，五十年間，三后㊄垂顧，眇爾元濟，繼爲凶妖，謂君命可逃，以父死爲利。聖上以睿謨神算，方議翦除；羣下守見習聞，咸懷阻沮。公英猷獨運，卓立不回，內排疑惑之詞，外輯異同之旅；三軍保任，一意誅鋤；投石之卵雖危，拒輪之臂猶奮㊄；賴閣下忠誠憤激，親自拊巡，靈旗一臨，餘沴電掃，此所謂俟周公而後淮夷服㊆，得元凱而後吳寇平㊆，凡在陶甄㊇，孰不忻幸！況某早趨門館，抃躍尤深；僻守遐荒，不獲隨例拜賀，無任踊躍徘徊之至！

《提　要》

元和中，淮西節度使吳少陽死，子元濟匿不發喪，以病聞，爲表請元濟主兵，並與蔡州刺史董重質同作亂，王師討伐，數不利，羣臣爭請罷兵。裴度力請討賊，帝復倚之，即拜門下侍郎、平章事，督諸軍力戰，卒擒元濟，亂遂平。元稹此書，蓋頌裴度功績之偉也。

《注　釋》

㈠裴相公　名度，字中立，聞喜人。

㈡吳元濟　吳少陽子，元和中，據淮西叛，卒爲裴度所擒，斬於長安。

㈢淮蔡　謂淮西與蔡州。

㈣三后　淮蔡之亂，歷德宗順宗憲宗三朝，故曰三后垂顧。

㈤拒輪句　喻力薄而氣雄也。莊子：「女不知夫螳螂乎？怒其臂以當車轍，不知其不勝任也。」又，韓詩外傳：「齊莊公出獵，有螳螂舉足將搏其輪。」

㈥周公句　周成王時，淮夷叛，周公率王師平之。

㊆元凱句　晉杜預字元凱，嘗以平吳功封當陽縣侯。
㊇陶甄　謂受其培植也。

《作者傳略》

元稹字微之，河內人，九歲工屬文，十五擢明經，補校書郎，累官尚書左丞。善爲詩，與白居易齊名，號曰元白，天下傳誦，號其體曰元和體，恆播於樂府，宮中妃嬪多誦之，呼爲元才子。所著詩文凡一百卷，號曰元氏長慶集；又有小集十卷；又著會真記一文，即後代名曲西廂記之藍本。

答學文僧㈠請益書（沈下賢文集）

唐　沈亞之

上人足下：辱書指問，將問於僕人，謂有解達可以梯進之給㈡，猶畏過意，請聽畢說，幸甚！

昔人有善鍛者，火五金而別器，一日化百狀，而智用不極，然常薄產自急㈢。弟子相率而笑之曰：「夫子之於業工矣，然而市售之，富不能當陶之饒，何也？」對曰：「夫陶者淺勞而薄利，與俗相用。彼朝市而夕隳，失其用，後從而市之而無虛日㈣，故能饒。且吾之業，搜其度而運其爲㈤，及其成功，與世終始；彼匹居之人，又安能罄其室而市吾之工哉！故常㈥飢。」亞之誤學爲黃金之鍛，且已困矣，上人無乃襲饑於此哉！非敢自重，誠恐以陷其所從耳，幸熟慮㈦！亞之再拜。

《提要》

學文僧請益於亞之，亞之以其非爲學而學，以鍛金爲喻拒之。

《注釋》

㈠學文僧 即孺顏上人，生平未詳。

㈡給 唐文粹作「級」。

㈢急 唐文粹作「窘」。

㈣彼朝三句 唐文粹作「彼朝市而夕壞，壞失其用，復從而市之無虛日」。

㈤搜其句 唐文粹作「搜矩而軸模」。

㈥常 唐文粹作「當」。

㈦幸熟慮句 唐文粹作「幸熟慮焉」。

《作者傳略》

沈亞之，字下賢，吳興人。元和十年，第進士，長慶中，累官至殿中丞御史內供奉。太和三年，爲德州行營使柏耆判官；耆貶，亞之亦謫南康尉。後終郢州掾。有文集三卷傳世。

與姚諫議郃書

會昌一品集

唐 李德裕

天地窮人，物情所棄，無復音書；平生舊知，無復弔問。閣老至仁念舊，盛德矜孤；再降專人，遠逾溟漲㈠，兼賜衣服器物茶藥至多。稾木暫榮，寒灰稍暖；開緘感切，涕咽難勝！大海之中㈡，無人拯卹，資儲蕩盡，家事一空；百口嗷然；往往絕食，塊獨窮悴，終日苦饑；惟恨垂沒之年，頓作餒死之鬼！自十月末得疾，一枕七旬，屬纊者數四，藥物陳裛，又無醫人，委命信天，幸而自活；羸憊至甚，生意方微，自料此生，無由再望旌棨㈢。臨紙涕戀，不勝遠誠！病後多書不得，伏惟恕察！謹狀。

《提　要》

宣宗時，李德裕爲忌者所搆，貶崔州司戶，貧病交困，不堪言狀。姚郃使人慰問，並餽衣服藥物，李因報書申謝，書中首段寫人情之薄，次敍姚郃矜恤之德，又次寫其生活之艱，語語酸辛，令人不忍卒讀。

《注　釋》

㈠溟漲　謂海水也。
㈡大海之中　崖州在今廣東瓊州島，故云。
㈢旌棨　儀衛之物。

《作者傳略》

李德裕，字文饒，趙郡人。少有大節，不喜與諸生試有司，以蔭補校書郎，擢翰林學士。武宗時，由淮南節度使入相。藩鎮之禍，功績頗著。宣宗時，爲忌者所搆，貶崖州司戶卒。德裕好學不倦，著述頗富，會昌一品集、姑藏集、窮愁志、御臣要略、伐叛志、獻替錄等多種。

薦王寧啓（樊川文集）

唐 杜牧

前渭南縣㊀令王寧前件官㊁，實有吏才，稱於衆口；年少强力，一也；遇事必能裁割，二也；既蘊智能，無頭角誇誕，三也；廉直可保，四也；處於驕將内臣之間，必能和同，五也。今者邊將生事，雜虜起戎，不憂兵甲，唯在饋運㊂。某過承恩奬，用敢薦才，伏惟取捨之間，特賜恕察！謹啓。

《提　要》

此書未題寄與何人。書中列舉王寧五大優點，用筆簡潔，絕無浪費筆墨。

《注　釋》

㊀渭南縣　即今陝西渭南縣。

㈡前件官　猶言如上所開列之官職。按：唐宋時荐賢書啓，每開具所荐者之詳細履歷於正文前，故曰前件。

㈢饋運　猶言輸運糧餉。

《作者傳略》

杜牧，字牧之。萬年人，太和二年，登進士第，累官考功郎中，知制誥，遷中書舍人。牧之美姿容，思想浪漫，好狎妓。善爲詩文，其詩與李商隱齊名；及以作風有類杜甫，人稱之爲小杜。著有樊川集二十卷，又注孫武兵法十三篇。

獻詩啓（樊川文集）

唐　杜　牧

某啓：某苦心爲詩，本求高絕，不務奇麗，不涉習俗，不今不古，處於中間；既無其才，徒有其奇，篇成在紙，多自焚之。今謹錄一百五十篇，編爲一軸

㈠，封留獻上。握風捕影，鑄木鏤冰，敢求恩知，但希鐫琢㈡！冒黷尊重，下情無任惶懼！謹啓。

《提　要》

此書亦未題獻與誰。文中自評作品，不過自炫，亦不過謙，恰到好處。

《注　釋》

㈠軸　古書皆用卷子，端有軸，可以伸卷。故書卷亦曰一軸。

㈡鐫琢　猶言削改。

《作者傳略》

見前。

上劉舍人狀

李義山文集

唐　李商隱

違闕稍久，結戀伏深。前月獲望門牆，值有賓客，吐辭未盡，受顧如初。某孤僻寡徒，嬾慢成性，虞生治易㈠，衆論同侵；揚子草玄㈡，當時共笑。因緣一命，羈絏三年，常賴恩知，免至顛殞。伏以士之營道抱器，處世立名，誠宜俟彼時來，亦在申於知者。內惟庸薄，切有比方：陳蕃甚貧，未欲掃除一空㈢；孟光雖醜，已嘗偃蹇數夫㈣。倚望光輝，實在造次，伏惟終始念察！

《提　要》

李商隱上書劉舍人（名未詳），自言其志。

《注　釋》

㈠虞生治易　三國吳虞翻，善治易，嘗以所書易注示孔融，融盛稱之。張紘與融書，有云：「虞仲翔（翻字）前頗爲論者所侵，美寶爲質，彫摩益光，不足以損。」

㈡揚子草玄　漢揚雄嘗著太玄經，以詞義艱深，爲時人所譏。

㈢陳蕃二句　後漢陳蕃年十五時，嘗閑處一室，而庭宇蕪穢。父友薛勤詔之曰：「孺子何不灑掃以待賓客？」蕃答曰：「大丈夫當掃除天下，安事一室！」勤甚奇之。後果顯貴。

㈣孟光　後漢梁鴻妻，字德曜。貌醜，德行甚修。擇對不嫁，父母問其故，曰：「欲得賢如梁鴻者。」鴻聞而聘之。

《作者傳略》

李商隱，字義山，又號玉溪生，河內人。開成二年，第進士，累官工部員外郎。工詩文，好爲駢體文，名與溫庭筠段成式齊，時號三十六體。有詩文集傳世。

上崔華州書

李義山文集

唐　李商隱

中丞閣下：愚生二十五年矣，五年誦經書，七年弄筆硯。始聞故老㊀言：「學道必求古，爲文必有師法」，常悒悒不快，退自思曰：「夫所謂道，豈古所謂周公孔子者獨能耶？蓋愚與周孔同㊁身之耳：以是有行道不繫今古，直揮筆爲文，不愛攘取經史，諱忌時世；百經萬書，異品殊流，又豈能意分出其下哉？」凡爲進士者五年，始爲故賈相國所憎。明年病，不試。又明年，復爲今崔宣州所不取。居五年間，未嘗衣袖文章，謁人求知；必待其恐不得識其面，恐不得讀其書，然後乃出。嗚呼！愚之道可謂强矣！可謂窮矣！寧濟其魂魄，安養其志氣，出其强，拂其窮，惟閣下可望，輒盡以舊所爲發露左右。恐其意猶未宣洩，故復有是說。某再拜。

《提　要》

李商隱獻所著舊作與崔華州（名未詳），有所干請。商隱治學，不同凡流。文中首段：「夫所謂道，豈古所謂周公孔子者獨能邪？蓋愚與周孔同身之耳……」云云，可見其文學思想，貴有創作精神，不以勦襲舊說爲能事；然亦主「文以載道」之說者也。

《注　釋》

㈠故老　唐文粹作「長老」。

㈡同　唐文粹作「俱」。

《作者傳略》

見前。

上韓吏部書

唐文粹

唐 林簡言

人有儒其業，與孟軻同代而生，不遂師於軻，不得聞乎道，閣下豈不謂之惜乎？又有與揚雄同代而生，不遂師於雄，不得聞乎道，閣下豈不謂之惜哉？有習於琴者，問其所習，必曰：「吾師於某，某所傳，師曠㈠之道也。」習於弧者，問其所習，必曰：「吾師於某，某所傳，子濯孺子㈡之道也。脫二人未至於古，然亦無敢是非者，以所習有據故也」。儻曰：「吾自能，非授受於人也」；必知其音，俚音也，其能，庸能也。嗚呼！聖人之道，與琴弧之道相遠矣；而琴弧尚能自習之如此，況聖人之道乎？去夫子千有餘載，孟軻揚雄死，今得聖人之旨，能傳說聖人之道，閣下耳。今人睎閣下之門，孟軻揚雄之門也。小子幸儒其業，與閣下同代而生，閣下無限其門，俾小子不得聞其道，爲異代惜焉！

《提　要》

林簡言上韓吏部（名未詳）書，請錄入門下。古之士人，多賴師門而顯達，故文中有琴弧之喻。

《注　釋》

㈠師曠　春秋晉之名樂師。

㈡子濯孺子　春秋鄭之善射者。

《作者傳略》

林簡言，字欲訥，唐福清人。進大中士，官至漳州刺史。有漢武封禪論。

貽王進士書

司空表聖文集

唐 司空圖

辱示製述，甚非所宜，敢不以所說陳於左右哉？楚宋交怨，而使在其間。宋人有得玉於境者，遇楚使適至，誇示之。楚人謀沮其玉，請先譽於宋國。既獻宋，果怒曰：「玉產於吾土，而價張於吾讎，是欺我也！」不果售。今吾守道固窮，且竊文學之譽，是邪競沽虛者之讎嫉也。吾子之才固奇矣，乃以所贄置於吾懷，是玉未適於市而噪者已盈於門矣，必曰：「不投知於司空氏」，必曰：「不受知於司空氏」，則雖吾子之奇，必足速得志於時矣；舍是無他術也。所貺益腆，不敢發柙，幸詳其意，勿冒時之所忌。

《提要》

王進士（名未詳）欲附司空圖門下，獻所著之外，並饋禮物。圖惡其非同道，託辭拒之。

《作者傳略》

司空圖，字表聖，河中虞鄉人。咸通中，登進士第，官至中書舍人。後避亂隱於中條山之王官谷，自號耐辱居士，日與高士名僧游，不問世事。朱全忠篡位，召爲禮部尚書，不起。旋聞哀帝被殺，不食而卒。有詩品及文集傳世。

【五代】

勸韓建㈠討賊書

舊五代史李愚傳

五代唐　李　愚

僕關東一布衣耳，幸讀書爲文，每見君臣父子之際，有傷教害義之事，常痛心切齒，恨不得抽腸喋血，肆之市朝！明公居近關重鎮，君父㈡幽辱月餘，坐視凶逆而忘勤王之舉，僕所未喻也。僕竊計中朝輔弼，雖有志而無權；外鎮諸侯，雖有權而無志；惟明公忠義，社稷是依。往年車輅播遷，號泣奉迎，累歲供饋，再復廟朝㈢，義感人心，至今歌詠。此時事勢，尤異於前。明公地處要衝，位兼將相，自宮闈變故，已涉旬時。若不號令率先，以圖反正，遲疑未決，一朝山東侯伯，倡義連衡，鼓行而西，明公欲自安，如何決策？此必然之勢也。不如馳檄四方，諭以逆順，軍聲一振，則元凶破膽，浹旬之間，二豎㈣之首，傳於天下，計無便於此者。

《提　要》

唐昭宗光化三年，劉季述、王奉先矯皇后令，因帝於少陽院，立裕，五月餘，諸侯無奔問者。李愚時在華陰，致書於華師傳建，勸其討賊，建不從；後爲朱全忠所殺。

《注　釋》

㈠韓建　字佐時，長社人。初爲華州刺史。李茂貞犯京師，昭宗將奔太原，建追帝及於富平，請幸華州，欲因以行廢立，以諸藩多發兵言欲迎天子者，懼而止。及帝返京，封許國公。後仕後梁，官至司徒同中書門下平章事。

㈡君父　謂唐昭宗。

㈢往年四句　謂昭宗奔太原，李建請幸華州事。

㈣二豎　謂劉季述與王奉先。

《作者傳略》

李愚，字子晦，無棣人。唐末舉進士弘辭。旋事梁末帝。後唐莊宗時，拜主客郎中、翰林學士，明宗時，爲相，愍帝清泰中，卒。

【宋】

答林正字㊀書（騎省集）

宋　徐　鉉

十一月日，復書正字足下：辱貺長牋，詞高旨遠，循環捧讀，欲罷不能；見顧之深，良足愧也！吾子以老成之智，蘊救世之心，一言悟主，俯拾初筮㊁，雖位未充量，然升聞特達，超然獨異，亦古之所難也！推是而往，其道可知。

鉉也不才，猥廁先達，雖復識不能見之於未兆，才不能濟之於已形，然而振天下之公議，舉天下之公器，推轂後進，心無適莫㊂，庶幾不下於昔賢；吾子異日當知爲不妄。其今古之變，安危之勢，忽乎微哉，未可一二以言語盡也，謹俟暇日，當接餘論。聊奉還答，伏惟鑒悉。徐鉉白。

《提　要》

林正字上長牋於徐鉉，請爲栽植，鉉報以書。

《注　釋》

㈠林正字　名未詳。正字，官名，秘書省之一員。

㈡初筮　謂初入仕也。

㈢適莫　猶言厚薄。論語里仁：「君子之於天下也，無適也，無莫也，義之與比。」

《作者傳略》

徐鉉，字鼎臣，廣陵人。初仕南唐，官至吏部尚書。隨李煜歸宋，累官散騎常侍。鉉工於文，尤精小學及篆隸，嘗校説文，續編文苑英華。著有騎省集三十卷，稽神錄六卷，質疑論若干卷。

與韓魏公㈠

范文正公尺牘

宋　范仲淹

某再拜。伏蒙特賜手教，以之翰㈡所撰師魯㈢行狀未精，更須修改，然後送永叔㈣作誌，足見大君子金石其心，使死者全名，生者服義，敢不欽佩風旨，益盡其意。然始以之翰知師魯最深，又少與之游，盡見其行事，故衆謂之翰宜書其善狀。及觀尹材㈤所辨，亦不可忽，故錄之於後，庶幾明公與永叔詳之，自可增損。今明公欲之翰修定而後作誌，已致書之翰，必更盡心。衆謂之翰醇儒，並無他腸，但思之未精，筆力未至爾，明公以爲如何？幸恕而寬之！

《提　要》

尹洙爲韓琦范仲淹等所深知，及卒，韓等倩孫甫撰行狀，歐陽修作墓誌。孫所撰行狀初稿，韓嫌未精，移書與范，仍倩孫修定，范因作答。

《注　　釋》

㈠韓魏公　即韓琦。詳見韓琦與友人書作者傳略。

㈡之翰　孫甫字。甫，陽翟人。累官河北都轉運使，留爲侍讀。

㈢師魯　尹洙字。詳見尹洙與鄧州孫之翰司練書作者傳略。

㈣永叔　歐陽修字。詳見歐陽修與晏元獻公作者傳略。

㈤尹材　字處初，洛人，爲洛中三賢之一。

《作者傳略》

范仲淹，字希文，吳縣人。幼孤，苦讀不輟，登大中祥符進士。每感激論天下事，奮不顧身，嘗言士當先天下之憂而憂，後天下之樂而樂，其以天下自任如此。仁宗時，與韓琦率兵同拒西夏，守邊數年，夏人相戒不敢犯其境。旋拜樞密副使，進參知政事。卒諡文正。有文集，別集，尺牘及政府奏議等行世。

與石曼卿㈠

范文正公尺牘

宋　范仲淹

某再拜，去冬以攜家之計，駐贏東郊，朋來相歡，積飲傷肺，賴此閑處，可以偃息。書問盈機，修答蓋稀。足下亦復懶發，絕無惠問；非求存慰，欲知起居之好爾。近詩一軸，寄於足下與滕正言㈡，達於諸公，必笑我。

《提　要》

范仲淹寄詩與石曼卿，並述近況。

《注　釋》

㈠石曼卿　名延年，宋城人。工詩文，有氣節。喜劇飲，世目爲酒仙。

㈡滕正言　即滕宗諒，字子京，河南人。正言，官名。

《作者傳略》

見前。

與鄧州孫之翰㈠司諫書

河南集

宋 尹洙

與之翰別久，未嘗一日不奉思；直以德度服人，企仰之心，不能暫忘耳。今幸會而復別，重以顧恤之意，笑語之樂，中懷鬱悒，不啻向時㈡；乃知仰高㈢之心，與愴離之情，各是一事，古語作惡數日，此最得之。到隨㈣當別作書。

《提要》

尹洙與孫甫別後，作書敍離情，並致仰慕意。

《注釋》

㈠孫之翰　見范仲淹與韓魏公注。

㈡向時　舊時也。

㈢仰高　詩小雅車舝：「高山仰止，景行行止。」

㈣隨　縣名，即今湖北隨縣。

《作者傳略》

尹洙，字師魯，河南人。天聖進士，累官至起居舍人。後貶崇信軍節度副使，徙監均州酒稅，卒。洙博學有識度，尤深於春秋。所為古文，簡而有法，世稱河南先生。有河南集二十七卷。

與晏元獻公㈠

歐陽修全集

宋　歐陽修

某啓：孟春猶寒，伏惟判府相公尊體動止萬福。前急足自府還，伏蒙賜書爲報；且承臨鎮之餘，日有林湖閒燕之樂，此乃大君子以道出處之方，而元老明哲，所以爲國自重之意也，幸甚！幸甚！

有魏廣者，好古守道之士也。其爲人，外柔而內剛。新以進士及第，爲滎陽㈡主簿。今因吏役，至府下，非有它求，直以卑賤不能自達，欲一趨門仞而已，伏惟幸賜察焉！不備，某再拜。

《提　要》

新第進士魏廣，欲晉謁晏殊，歐陽修作書爲之介紹。

《注　釋》

㊀晏元獻　名殊，字同叔，臨川人。宋仁宗時爲相。范仲淹歐陽修等皆出其門。卒諡元獻。

㊁滎陽　縣名，即今河南滎陽縣。

《作者傳略》

歐陽修，字永叔，廬陵人。少孤，家甚貧，毋鄭氏以荻畫地親教之。敏悟過人，讀書輒成誦。舉進士甲科，累官樞密副使，參知政事，與韓琦同心輔政。熙寧初，與王安石不合，以太子少師致仕。修博學羣書，文章冠天下。自號醉翁；晚號六一居士。卒諡文忠。著有文忠集五十三卷，六一詞一卷，六一詩話一卷，及毛詩本義、新唐史、新國代史、歸田錄等多種。

與黃校書論文章書

歐陽修全集

宋 歐陽修

修頓首啓：蒙問及丘舍人所云雜文十篇，竊嘗覽之，驚歎不已。其毀譽等數短篇，尤爲篤論㊀。然觀其用意，在於策論，此古人之所難工，是以不能無小闕。其救弊之說甚詳，而革弊未之能至。見其弊而識其所以革之者，才識兼通，然後其文博辯而深切，中於時病而不爲空言。蓋見其弊，必見其所以弊之因；若賈生㊁論秦之失而推古養太子之禮，此可謂知其本矣。然近世應科目文辭，求若此者蓋寡。必欲其極致，則宜少加意，然後煥乎其不可禦矣。文章繫乎治亂之說，未易談，況乎愚昧，惡能當此！愧甚！畏甚！修謹白。

《提　要》

歐陽修書與黃校書（名未詳）論丘舍人（名未詳）所著文，謂其所論時病，雖知弊之應救，其所以革弊之具體策略，仍未能舉，未免近於泛論，不切實際。末段數語，雖屬謙詞，然亦足以見古之學者之虛心謙懷矣。

《注釋》

㈠篤論　猶言確論。
㈡賈生　即漢賈誼，著有過秦論。

《作者傳略》

見前。

與韓忠獻公㈠歐陽修全集

宋　歐陽修

某再拜啓：山川窮絕，比乏水泉。昨夏秋之初，偶得一泉於州㈡城之西南豐山之谷中，水味甘冷。因愛其山勢回抱，構小亭於泉側。又理其傍爲教場，時集州兵弓手，閱其習射，以警饑年之盜。間亦與郡官宴集於其中。方惜此幽致，思得佳木美草植之，忽辱寵示芍藥十種，豈勝欣荷！山民雖陋，亦喜遨遊，自此得與郡人共樂，實出厚賜也；愧刻！愧刻！

《提　要》

宋仁宗慶曆五年，歐陽修出知滁州。次年，於政暇整理豐山景物，與民同遊樂。會韓琦贈芍藥十種到州，因報書致謝。

《注　釋》

㈠韓忠獻公　即韓琦。詳見韓琦與友人書作者傳略。

㈡州　即滁州。

《作者傳略》

見前。

與梅聖俞㈠

宋 歐陽修

某又啓：去年夏中，因飲滁水甚甘，問之，有一土泉在城東百步許，遂往訪之，乃一山谷中。山勢一面高峯，三面竹嶺，回抱泉上；舊有佳木一二十株，乃天生一好景也。遂引其泉爲石池，甚清甘。作亭其上，號豐樂亭；亦宏麗。又於州東五里許菱溪上，有二怪石，乃馮延魯家舊物，因移在亭前。廣陵韓公㈡聞之，以細芍藥十株見遺，亦植於其側。其他花木，不可勝紀。山下一徑，穿入竹篠蒙密中，豁然路盡，遂得幽谷。已作一記，未曾刻石。亦有詩，託王仲儀寄去，不知達否？告乞一篇留亭中，因便望示及，千萬！千萬！

歐陽修全集

《提 要》

歐陽修與梅聖俞書，言豐樂亭景物，並乞其撰文。

《注　釋》

㈠梅聖俞　名堯臣，宣城人。工詩，以深遠古淡勝。

㈡韓公　即韓琦。

《作者傳略》

見前。

與梅聖俞㈡

歐陽修全集

宋　歐陽修

某啓：為親老久疾，乍進乍退，醫工不可用，日夕憂迫，不知所為。蓋京師近上醫官，皆有職局，不可請他；兼亦傲然，請他不得。近下者又不知誰可用。親疾如此，無醫人下藥，為人子何以為心！京師相知少，不敢託他。告吾兄與問，當看有不繫官醫人或秀才處士之類善醫者，得一人垂報，待差人賚書帛去請他。幸爲博訪之！聖俞聞此，必挂意，更不奉禱也。如有所得，亦速遣此人回。其他不暇忉忉㈠。

《提要》

歐陽修以母病函託梅聖俞博訪醫士。此書近白話體，古人於知友處，始偶一用之。

《注釋》

㈠忉忉　憂心貌。詩齊風甫田：「勞心忉忉。」

《作者傳略》

見前。

與十二姪

宋 歐陽修

自南方多事以來，日夕憂汝。得昨日遞中書，知與新婦諸孫等各安，官守無事，頓解遠想。吾此哀苦如常㊀。

歐陽氏自江南歸朝，素世蒙朝廷官祿；吾今又被榮顯，致汝等並列官裳，當思報效。值此多事，如有差使，盡心向前，不得避事。至於臨難死節，亦是汝榮事；但存心盡公，神明亦自祐汝，慎不可思避事也。

昨書中言欲買朱砂來，吾不闕此物。汝於官下宜守廉，何得買官下物！吾在官所，除飲食物外，不曾買一物，汝可安此爲戒也。

已寒，好將息。不具。吾書送達通理十二郎。

歐陽修全集

《提　要》

歐陽修姪通理爲象州司理。時廣源州蠻儂智高反，南方多事，修遺書誡其盡公報國，慎不避事，並以居官廉潔爲勗。

《注　釋》

㈠哀苦如常　是年歐陽修丁母憂，故云哀苦。

《作者傳略》

見前。

上杜侍郎啓（蘇學士文集）

宋 蘇舜欽

某啓：兩獲侍坐，輒沐垂譽鄙言，承言媿羞，默不敢謝。前又數有人言閣下稱道所譔含元賦。竊惟大君子獎擢後進，故不惜溢言以譽之。然閣下爲世標矩㊀，人所仰屬，坐鎮藩屏，列邑承風，舉動言論，播爲儀法。若舜欽輩才術甚疎，無足稱道；或當前時，宜訓戒開扶，使就我人之業。至於諧言短韻，無補於世，不當置於齒牙間，使人傳信。蓋俗浮易扇，染而難回，非惟損明府之雅鑒，實亦隳風化之一節也。況提封之下，千里而遠，其間抱才行，包道業者甚衆，日希明府一言一顧以爲光價，有未獲者，蓋翹翹焉。幸冀移意於彼，以重所褒，則蚩陋者甘心自屏，安有所覬望哉？

所索崔處士㊁墓銘，承命不敢隱，謹繕寫通上，惶恐！惶恐！

《提　要》

蘇舜欽所著含元賦，頗爲杜侍郎（名未詳）所稱賞，傳譽海內。舜欽聞之，作書謙謝，並上所撰崔處士墓銘。

《注　釋》

㊀標矩　猶言模範。

㊁崔處士　名籍，博陵人。

《作者傳略》

蘇舜欽，字子美，銅山人。少有大志，好爲古文詩歌。舉進士，累遷大理評士。范仲淹荐其才，召試集賢校理，監進奏院。後因故除名，流寓蘇州，築滄浪亭，自號滄浪翁。旋得湖州長史，卒。舜欽工詩，豪放驚人；又善草書，爭爲人所傳。有詩文集十五卷。

與友人書
安陽集

宋 韓琦

琦再拜啓：信宿不奉儀色，共惟興寢百順。琦前者輒以晝錦堂記輕易上干，退而自謂，眇末(一)之事，不當仰煩大筆；方夙夜愧悔，若無所處，而公遽以記文爲示。雄辭濬發，譬夫江河之決，奔騰放肆，勢不可禦；從而視之，徒聳駭奪魄，烏能測其淺深哉！惟褒假太過，非愚不肖之所勝，遂傳之世，大恐爲公文之玷，此又捧讀慚懼而不能自安也。其在感著，未易言悉，謹手啓敍謝，不宣。琦再拜啓。

《提　要》

韓琦謝友人撰晝錦堂記。按記係歐陽修所作，則所謂友人，當是修也。

《注　釋》

㈠眇末　謂細小也。

《作者傳略》

韓琦，字稚圭，號贛叟，安陽人。天聖中，舉進士，通判淄州。西夏反，琦爲陝西經略安撫招討使，與范仲淹率兵拒戰，久在兵間，名重一時，爲朝廷所倚重。英宗時，拜右僕射，封魏國公。神宗立，拜司徒，兼侍中。卒謚忠獻。琦善詩文，有安陽集五十卷。

與友人書

司馬溫公集

宋 司馬光

光啓：自承台候違和，未獲身訊起居。無何，十二日忽苦痰嘔，遂自謁告。尋又病瘡生足，連掌底發腫，痛不能地；害於行立，無由與同列俯伏門下，奉望顏色，私心懸懸，晨夕左右。伏計即日飲食復常，下利㊀益少；更乞親近藥物，善自將輔，以養天和。不備。光惶恐再拜。

《提　要》

司馬光函問友人疾，並述以足疾不能躬候之意。

《注　釋》

㊀下利　痢疾也。

《作者傳略》

司馬光，字君實，夏縣人。寶元初，中進士甲科，神宗時，官至御史中丞。因議王安石新法不合，去。哲宗初，起爲門下侍郎，拜尚書左僕射。左相八月，悉去新法之足以爲民害者。卒，贈太師溫國公，諡文正。因居涑水鄉，世稱涑水先生。著有傳家集八十卷，資治通鑑二百九十四卷，目錄考異各三十卷；又有易說、書儀、涑水記聞、稽古錄等多種。

謝曹秀才書

元豐類稿

宋　曾　鞏

鞏頓首，曹君茂才㈠足下：嗟乎，世之好惡不同也！始足下試於有司，鞏爲封彌官㈡，得足下與方造孟起之辭而讀之，以謂宜在高選；及來取號，而三人者皆無姓名，於是憮然自悔許與之妄，既而推之，特世之好惡不同耳，鞏之許與，豈果爲妄哉！今得足下之書，不以解名失得置於心，而汲汲以相從講學爲事；其博觀於書而見於文字者，又過於鞏向時之所與，甚盛！足下家居無事，可以優游以進其業，自力而不已，則其進孰能禦哉！世之好惡之不同，足下固已能不置於心，顧鞏適自被召，不得與足下久相從學，此情之所睠睠也。用此爲謝，不宣。

《提　要》

曹秀才應試不第，欲從曾鞏學。鞏以被召故，作書謝之，兼以「好惡不同」

之說，以慰曹之落第。

《注釋》

㊀茂才　即秀才。

㊁封彌官　宋時考試有封彌官，掌彌封字號，使主試者無從知某卷為某人，但能以文之優劣為去取也。

《作者傳略》

曾鞏，字子固，南豐人。嘉祐二年，舉進士第，累遷集賢校理，為實錄檢討官。又出知齊、襄、洪、福諸州，進拜中書舍人，卒。鞏少與王安石游，安石未達時，鞏曾導之於歐陽修；及安石得志，創新法，鞏以政見不同，遂少往還。鞏工詩文，為歐陽修所稱賞，學者號為法豐先生。著有元豐類稿、隆平集等傳世。

與王向書（元豐類稿）

宋　曾　鞏

鞏啓：比得呂南公，愛其文，南公數稱吾子，然恨未相見。及至南豐㊀，又得黃曦，復愛其文；而吾子亦來，以文見貺，實可歎愛！吾子與呂南公黃曦皆秀出吾鄉，一時之俊，私心喜慰，何可勝言！惟强於自立，使可愛者，非特文字而已，——此鄙劣所望於三君子也。道中忽忽奉啓。鞏啓上。

《提　要》

曾鞏稱獎王向文才，且以「强於自立」爲勗。

《注　釋》

㊀南豐　即今江西南豐縣。

《作者傳略》

見前。

回傅權書

元豐類稿

宋　曾鞏

鞏啓：辱惠書及古律詩、雜文，指意所出，義甚高，文辭甚美。以鞏有鄉人之好，又於聞道有一日之先，使獲承重貺，幸甚！

足下論古今學者，自守者少，苟合者多，則固然矣。因以謂如鄙劣者能知所守，則豈敢當！抑足下欲勉之至此，則豈敢怠！足下之材，可謂特出，自強不已，則道德之歸：其孰可禦！恨不相從，不能一二具道。能沿牒至此一相見否？荒隅之中，孤拙寡偶，欽企！欽企！

春暄，餘保愛，保愛！不宣。

《提　要》

曾鞏贊傅權書所贈詩文，並冀其過從。文中「豈敢當」與「豈敢怠」二語，雖屬謙辭，其尊重後進，不自驕矜之美德，洵足爲後學模楷。

《作者傳略》

見前。

與趙卨㈠書

王臨川全集

宋 王安石

某啓：議者多言遽欲開納西人，則示之以弱，彼更倔強。以事情料之，殆不如此。以我衆大，當彼寡小，我尚疲敝厭兵，即彼偷欲得和可知。我深閉固拒，使彼不得安息，則彼上下忿懼，并力一心，致死於我；此彼所以能倔強也。我明示開納，則彼孰敢違衆首議欲爲倔強者？就令有敢如此，則彼擧國皆將德我而怨彼，孰肯爲之致死；此所以怒我而怠寇也。老子曰：「抗兵相加，愛者勝矣。」此之謂也。至於開納之後，與之約和，乃不可遽；遽則彼將驕而易我。蓋明示開納，所以怠其衆而紓吾患；徐與之議，所以示之難而堅其約。聖上恐龍圖未喻此指，故今以書具道。

前降指揮，如西人有文字詞理恭順，即與收接聞奏，宜即明示界上，使我吏民與彼擧國皆知朝廷之意。

《提要》

宋神宗時，與西夏失和，以用兵久，雙方咸感疲敝，夏人屢遣使請和。趙卨知延州，上言安撫之策，朝廷是之。王安石時爲相，故與書議其事。

《注釋》

㈠趙卨　字公才，依政人。神宗時，以拒夏功，拜龍圖閣直學士。

《作者傳略》

王安石，字介甫，號半山，小字獾郎，臨川人。少工詩文，擢進士上第。神宗時爲相，謀改革政事，創青苗、水利、均輸、保甲、免役、市易、保馬、方田諸法，號爲新法，然物議騰沸，卒無功效，罷爲鎮南軍節度使。元豐中，復拜左僕射，封荊國公。哲宗立，加司空，卒諡文。有臨川集一百三十卷及唐百家詩選，周官新議行世。

答李秀才書

王臨川全集

宋 王安石

昨日蒙示書，今日又得三篇詩。足下少年，而已能如此，輔之以良師友，而爲之不止，何所不至！自涇㊀至此，蓋五百里，而又有山川之阸；足下樂從所聞而不以爲遠，亦有志矣！然書之所願，特出於名。名者，古人欲之，而非所以先。足下之才力，求古人之所汲汲者而取之，則名之歸孰能爭乎？孔子曰：「君子去仁，惡乎成名㊁」。古之成名，在無事於文辭，而足下之於文辭，方力學之而未止也，則某之不肖，何能副足下所求之意邪？

《提 要》

李秀才自涇詣都，欲從王安石學，安石以其欲藉文字以求名，殊非爲學之道，覆書婉拒之。

《注　釋》

㈠涇　當是涇陽縣，在今陝西省。

㈡孔子三句　見論語里仁篇。

《作者傳略》

見前。

答李資深書　王臨川全集

宋　王安石

某啓：辱書勤勤教我以義命㈠之說，此乃足下忠愛於故舊，不忍捐棄而欲誘之以善也，不敢忘！不敢忘！雖然，天下之變故多矣，而古之君子辭受取舍之方不一。彼皆內得於己，有以待物，而非有待乎物者也。非有待乎物，故其迹時若可疑；有以待物，故其心未嘗有悔也。若是者，豈以夫世之毀譽者概其心哉！若某者不足以望此，然私有志焉，顧非與足下久相從而熟講之，不足以盡也。

多病無聊未知何時得復晤語？書不能一一，千萬自愛！

《提　要》

王安石創新法，爲衆論所訐。李資深以義命之說相規，欲冀其復古。安石信仰新法，不爲所移，故有是書。按書中有「多病無聊」之語，則此書之作，當在罷相後也。

《注　釋》

㈠義命　守義知命，意謂處事不過積極也。

《作者傳略》

見前。

答呂吉甫㊀書

王臨川全集

宋　王安石

某啓：與公同心，以至異意，皆緣國事，豈有它哉！同朝紛紛，公獨助我，則我何憾於公？人或言公，吾無與焉，則公何尤於我？趣時便事，吾不知其說焉；考實論情，公宜昭其如此。開喻重悉，覽之悵然！昔之在我者誠無細故之可疑；則今之在公者，尚何舊惡之足念？然公以壯烈，方進爲於聖世，而某苶然㊁衰疢，特待盡於山林；趣舍異路，則相呴以濕㊂，不如相忘之愈也。想趣召在朝夕，惟良食爲時自愛！

《提　要》

呂惠卿初與王安石善，安石因薦於朝，爲太子中允，事無大小必與謀。惠卿既顯達，逢合朋姦，驟致執政。及安石去位，凡可以害王氏者無不爲，甚至發其私書於上。安石退處金陵，深悔爲惠卿所誤，故作書與之絕交。

《注　釋》

㈠呂吉甫　名惠卿，晉江人。

㈡苶然　疲貌。

㈢相呴以濕　莊子：「泉涸，魚相與處於陸，相呴以濕，相濡以沫，不如相忘於江湖。」

《作者傳略》

見前。

請杜醇㈠先生入縣學書　王臨川全集

宋　王安石

人之生久矣，父子、夫婦、兄弟、賓客、朋友，其倫也。孰持其倫？禮、樂、刑、政、文物、數制、事爲其具也。其具孰持之？爲之君臣，所以持之也。君不得師，則不知所以爲君；臣不得師，則不知所以爲臣，爲之師，所以並持之也。君不知所以爲君，臣不知所以爲臣，人之類，其不相賊殺以至於盡者，非幸歟？信乎其爲師之重也。古之君子，尊其身，恥在舜下。雖然，有鄙夫問焉而不敢忽，斂然後其身似不及者，有歸之以師之重而不辭，曰：天之有斯道，固將公之，而我先得之；得之而不推餘於人，使同我所有，非天意，且有所不忍也。安石得縣於此踰年矣，方因孔子廟爲學，以教養縣子弟，願先生留聽而賜臨之，以爲之師，安石與有聞焉；伏維先生不與古之君子者異意也，幸甚！

《提　要》

王安石嘗知鄞縣，建縣學，函請杜醇任教職。全文暢論師道之重，及古之君子所以重視斯職之由；結尾數語，始提出延請之意，語語莊嚴，絕無俗筆。

《注　釋》

㊀杜醇　慈谿人。博學有善行，學者以爲模楷。慶曆中，鄞縣與慈谿始建學，醇

為之師，二邑文風爲之大盛。

《作者傳略》

見前。

謝呂晦叔(一)待制相見書（伊川文集）

宋　程頤

竊以古之時，公卿大夫求於士，故士雖自守窮閻，名必聞，才必用。今之時，士求於公卿大夫故干進者顯榮，守道者沈晦。頤處乎今之世，才微學寡，不敢枉道妄動，雖親戚鄉閭間鮮克知其所存者，矧敢期知於公卿大夫乎？伏承閣下屈近侍之尊，下顧愚陋，仰荷厚禮，媿不足以當之噫！公卿不下士久矣，頤晦於賤貧，世莫之顧，而公獨降禮以就之，非好賢樂善之深，孰能如是乎？幸甚！幸甚！願閣下持是好賢之心，廣求之之方，盡待之之道，異日登廟堂，翊明天子治，以之自輔，以福天下，豈不厚與？鄙朴之人，不善文詞，姑竭其區區，少致謝意。

《提　要》

程頤謝呂晦叔屈尊厚禮，且勉以「持好賢之心，廣求之之方，盡待之之道」，「以福天下」。

《注　釋》

㈠呂晦叔　名公著，壽州人。元祐初，拜尚書右僕射兼中書侍郎，與司馬光同心輔政。及光死，獨當國三年。卒封申國公，謚正獻。

《作者傳略》

程頤，字正叔，河南人。與兄顥同受學於周敦頤。哲宗初，擢崇正殿說書，以與蘇軾不協，出管勾西京國子監。後加直祕閣；被讒去官。既卒，賜謚正公，世稱伊川先生。頤著有伊川集二十卷，及易傳等傳於世。

與范子豐

蘇東坡集

宋 蘇軾

黃州㊀少西，山麓斗入江中，石室如舟。傳云曹公㊁敗所，所謂赤壁㊂者。或曰非也，時曹公敗歸，華容㊃路多泥濘，使老弱先行，踐之而過曰：「劉備智過人而見事遲，華容夾道當葭葦，使縱火，則吾無遺類矣。」今赤壁少西，對岸即華容鎮，庶幾是也。然岳州復有華容縣，竟不知孰是？

今日李委秀才來相別，因以小舟載酒，飲赤壁下。李善吹笛，酒酣作數弄，風起水湧，大魚皆出；上有栖鶻，坐念孟德公瑾，如昨日耳。適會范子豐兄弟來，遂書以與之。

《提 要》

蘇軾與范子豐言赤壁之所在，及與李委共遊其下之樂趣。

《注釋》

㈠黃州　即今湖北黃岡縣。

㈡曹公　謂曹操。操嘗被周瑜敗於赤壁。

㈢赤壁　在黃州城外。按周瑜燒曹軍於赤壁，其地當在今湖北嘉魚縣東北江濱。蘇軾所遊，乃黃岡縣城外之赤壁，又名赤鼻磯，軾誤以爲周郎赤壁耳。見胡珪赤壁考。

㈣華容　縣名，故治在今湖北監利縣西北，曹操赤壁兵敗走此。按下文所謂赤壁少西之華容鎮，在今湖北鄂城縣西五十里，非曹操敗走處。又：湖南亦有華容縣，舊屬岳州；惟三國吳時其地爲南安縣，至隋，始改華容；蘇軾未明此，故有「不知孰是」之語。

《作者傳略》

蘇軾，字子瞻，眉山人。蘇洵長子。嘉祐進士。英宗時，爲直史館。熙寧中，與王安石政見不合，貶黃州。軾築室於東坡，自號東坡居士。元祐中，累官翰林學士兼侍讀。尋以龍閣學士知杭州；歷端明殿翰林侍讀兩學士，出知惠州。

後卒於常州，謚文忠。軾工文章，縱橫奔放，雄視百世。尤善詩、詞、書、畫，實爲當時第一流文藝作家。有詩文集一百五十卷，及東坡詞、易傳、書傳仇、池筆記、東坡志林、漁樵閒話等多種。

與王定國㈠蘇東坡集

宋 蘇軾

某啓：久不奉狀，辱書感慰之至。比日起居何如？

謗焰已息，端居委命，甚喜。然所云百念灰滅，萬事懶作，則亦過矣！丈夫功名，在晚節時者甚多，定國豈愧古人哉！某未嘗求事，但事入手，即不以大小爲之，在杭所施，亦何足道，但無所愧恨而已。過蒙示論，慚汗。若使定國居此，所爲當更驚人，亦豈特止此而已！本州職官董華，密㈡人也，能道公政事，歎服不已；但恨公命未通爾。但靜以待之，勿令中塗齟齬，自然獲濟。爲國手棋，不煩大段用意，終局便須贏也。未由會見，千萬保重！不宣。

《提　要》

王鞏嘗從蘇軾游。軾以罪謫杭州，鞏亦貶賓州。此爲軾在杭時慰勉王鞏書。

《注　釋》

㈠王定國　名鞏，自號清虛先生，莘縣人。

㈡密　密州，即令山東儲城縣。按「密」字恐係「賓」之誤，蓋賓州遠在廣西，密人何由知其政事也？

《作者傳略》

見前。

與曾子固㈠蘇東坡集

宋　蘇　軾

軾叩頭泣血言：軾負罪至大，苟生朝夕，不自屏竄，輒通書問於朋友故舊之門者。伏念軾逮事祖父㈡，——祖父之没，軾年十二矣，尚能記憶其爲人。又嘗見先君㈢欲求人爲撰墓碣，雖不指言所屬，然私揣其意，欲得子固之文也。京師人事擾擾，而先君亦不自料止於此。嗚呼！軾尚忍言之！今年四月，軾既護喪還家，未葬，偶與弟轍㈣閱家中舊書，見先君子自疏錄祖父事跡數紙，似欲爲行狀未成者，知其意未嘗不在於此也。因自思念，恐亦一旦卒然，則先君之意，永已不遂。謹即其遺書，粗加整齊爲行狀，以授同年兄鄧君文約，以告於下執事，伏惟哀憐而幸諾之！豈惟罪逆遺孤之幸，抑先君有知，實寵綏之，軾不任哀祈懇切之至！

《提　要》

蘇軾函懇曾鞏撰祖父墓碣。

《注　釋》

㈠曾子固　名鞏。詳見曾鞏謝曹秀才書作者傳略。

㈡祖父　蘇軾祖父名序，字仲先，以子恩爲大理評事，後累贈尚書職員外郎。

㈢先君　蘇軾父洵，字明允，又號老泉。世以其父子俱名，稱爲老蘇。

㈣轍　蘇軾弟。詳見蘇轍答徐州陳師仲書作者傳略。

《作者傳略》

見前。

與李公擇（一）蘇東坡集

宋 蘇軾

某啓：示及新詩，皆有遠別惘然之意；雖兄之愛我厚，然僕本以鐵心石腸待公，何乃爾耶？吾儕雖老且窮，而道理貫心肝，忠義填骨髓，直須談笑於死生之際；若見僕困窮便相於邑，則與不學道者大不相遠矣。兄造道深，中心不爾，出於相好之篤而已。然朋友之義，專務規諫，輒以狂言廣兄之意爾，僕雖懷坎壈於時，遇事有可尊主澤民者，便忘軀爲之。禍福得喪，付與造物，非兄，僕豈發此？看訖便火之，不知者以爲訴病也。

《提　要》

王安石立新法，蘇軾反對最烈；李常與安石善，亦極言其不便。軾既貶，常以所作詩寄軾，深露遠別惘然之意。軾感其意，然仍曠達如恆，不屑作兒女態，故有是書之覆。

《提　要》

《作者傳略》

㊀李公擇　名常，建昌人。皇祐進士，累官至御史中丞。

見前。

與秦少游㈠　蘇東坡集

宋　蘇　軾

別後數辱書，既冗懶且無便，不一裁答，愧悚之至！參寥至㊁，頗聞動止，爲慰。然見解榜，不見太虛㊂名字，甚惋歎也！此不足爲太虛損益，但弔有司之不幸爾。即日起居如何？參寥真可人，太虛所與知不妄矣。何時復見？臨紙惘惘，惟萬萬自愛而已。

《提　要》

蘇軾與秦觀交誼頗篤。觀落第，軾作書慰之。

《注　釋》

㊀秦少游　名觀。詳見秦觀與蘇公先生作者傳略。

㊁參寥　杭州智果寺僧，名道潛，號參寥子。能詩文，與蘇軾秦觀稱相契。

㊂太虛　秦觀一名太虛。

《作者傳略》

見前。

與秦少游(二)〈蘇東坡集〉

宋　蘇　軾

某昨夜偶與客飲酒數盃，燈下作李端叔㈠書，又作太虛書，便睡。今日取二書覆視，端叔書猶粗整齊，而太虛書乃爾雜亂，信昨夜之醉甚也。本欲別寫，又念欲使太虛於千里之外一見我醉態而笑也。無事時寄一字甚慰寂寥。不宣。

《提　要》

蘇軾與秦觀小簡，述醉後作書之草率。此櫝信手寫來，絕無琢意。自知雜亂而不重書，正足表示相契之稱：「欲使太虛於千里之外一見我醉態而笑」一語，尤饒風趣。

《注　釋》

㈠李端叔　名之儀，無棣人。善屬文，尤工尺牘，蘇軾稱其入刀筆三昧。

《作者傳略》

見前。

與程秀才（蘇東坡集）

宋　蘇　軾

某啓：去歲僧舍屢會，當時不知爲樂。今者海外，豈復夢見！聚散憂樂，如反覆手；幸而此身尚健。

得來訊，喜侍下清安。知有愛子之戚，襁褓泡幻，不須留戀也。僕離惠州後，大兒㈠房下亦失一男孫，亦悲愴久之，——今則已矣。

此間食無肉，病無藥，居無屋，出無友，冬無炭，夏無寒泉，——然亦未易悉數，大率皆無爾；惟有一幸，無甚瘴也。近與小兒子㈡結茅數椽居之，僅庇風雨，然勞費亦不資矣；賴十數學生助工作躬泥水之役，愧之不可言也。尚有此身，付與造物，聽其流轉，流行坎止，無不可者；故人知之，免憂。乍熱萬萬自愛！不宣。

《提　要》

蘇軾居惠州三年。又貶瓊州別駕，居昌化。此書即居昌化時所作。書中先慰程秀才失愛子，暨述貶所苦況，末仍以此身付與造物請故人免憂作結，其堅忍樂天之精神有足稱者。

《注　釋》

㈠大兒　蘇軾長子名邁，字伯達。軾貶惠州。邁求潮州安化令。以便饋親。

㈡小兒子　蘇軾幼子名過，字叔黨。任右承務郎。軾數遷貶所，過獨隨時不離。後歷通判中山府，卒。

《作者傳略》

見前。

答徐州陳師仲書（欒城集）

宋　蘇轍

蒙惠書論詩，許以五百篇爲惠。既知所從學詩之人，又知所以作詩之意，五百篇雖未至，然見此書，已與見詩無異矣。應據言迫於解舟，有書不能盡取，即此詩是耶？

轍少好爲詩，與家兄子瞻㊀所爲，多少略相若也。子瞻既已得罪，轍亦不復作詩。然今世士大夫亦自不喜爲詩，以詩名世者，蓋無幾人；間有作者，尤足貴也。故僕每得其所爲，輒諷味終日；譬如新病喑人，口不復歌，聞有歌者，猶能手足舞蹈，以自慰釋。足下尚能以五百篇見惠耶？苟有以慰我，不必矜自口出也。

《提 要》

蘇軾答陳師仲書，並索其所作詩。

《注 釋》

㊀子瞻 即轍兄軾。

《作者傳略》

蘇轍，字子由；眉山人。洵之次子，軾之弟。年十九，與兄同登進士。哲宗時，官至御史中丞，拜尚書右丞，進門下侍郎。後以上疏諫事，落職知汝州，累謫雷州安置，移循州。徽宗時復大中大夫致仕，築室於許，號穎濱遺老。卒謚文定。所著有欒城集、應詔集、詩集解、春秋集解、孟子解、論語拾遺、古史、龍川略志等。

與王庠㈠（周彥）

豫章文集

宋　黃庭堅

東坡先生㈡遂捐館舍㈢，豈獨士大夫悲痛不能已，人之云亡，邦國殄瘁者也，可惜！可惜！立朝堂堂，危言讜論，切於事理，豈復有之！然有自常州㈣來云：「東坡病亟時，索沐浴，改朝衣，談笑而化」；其胸中固無憾矣。所惜子由㈤不得一見，又未得一還鄉社使後生瞻望此堂堂爾！欲作詩文道其意，亦未能成。

秦少游㈥沒於藤州㈦，傳得自作祭文並詩，可爲霣涕！如此奇才，今世不復有矣！

所寄詩文，反覆讀之，如對談笑也。意所主張，甚近古人，但其波瀾枝葉，不若古人爾；意亦是讀建安作者㈧之詩，與淵明㈨子美㈩所作，未入神爾。見東坡書黃子思詩卷後，論陶謝⑪詩，鍾王⑫書，極有理，嘗見之否？孫伯遠善論文章之美，師嚴君可畏在筆下，公能致此二士館之，當有得耳。

《提要》

黃庭堅與王庠書悼蘇軾秦觀之死，及論庠所爲詩。

《注釋》

㈠王庠　字周彥，榮洲人。

㈡東坡先生　即蘇軾。

㈢捐館舍　稱人死爲捐館舍，謂死後捐棄一切也。

㈣常州　即今江蘇武進縣。按蘇軾於公元一一〇一年卒於常州。

㈤子由　，即蘇軾弟轍。

㈥秦少游　名觀，詳見與蘇公先生作者傳略。按秦觀亦於公元一一〇一年卒於藤州。

㈦藤州　故治在今廣西藤縣。

㈧建安作者　漢末建安中，孔融、陳琳、王粲、徐幹、阮瑀、應瑒、劉楨七人，文學齊名，世稱建安七子。

㊈淵明　晉陶潛字。詳見陶潛與弟子書作者傳略。

㊉子美　唐詩人杜甫，字子美。

㊀陶謝　謂陶潛與謝靈運，皆工詩。

㊁鍾王　謂晉鍾繇與王羲之，俱善書。

《作者傳略》

黃庭堅字魯直，號涪翁。又號山谷道人，分寧人。舉進士，與張耒、晁補之、秦觀俱游蘇軾門，時人稱爲四學士。熙寧初，教授北京國子監，知太和縣。哲宗立，累遷起居舍人。紹聖中知鄂州，章惇蔡卞等惡之，貶涪州別駕。自後屢起屢謫。及徙永州，未聞命而卒，私諡文節先生。庭堅所爲詩文，超軼絕塵，頗爲蘇軾所推許。又善行草書，楷法自成一家。著有山谷內外集、別集、詞、簡尺等六十餘卷。

答王子飛㈠書

豫章文集

宋 黃庭堅

陳履常㈡正字，天下士也，讀書如禹之治水，知天下之絡脈，有開有塞，而至於九川滌原，四海會同者也。其作詩淵源，得老杜㈢句法，今之詩人，不能當也！至於作文，深知古人之關鍵；其論事，救首救尾，如常山之蛇㈣，時輩未見其比。公有意於學者，不可不往掃斯人之門。古人云：「讀書十年，不如一詣習主簿㈤」，端有此理。若見，爲問訊，千萬！

《提　要》

黃庭堅答王子飛，推獎陳履常詩文，並勸其從學。此書所敘，雖純屬贊美陳履常之詞，古今詩文之作法，實已概括言之，讀者當注意及之。

《注釋》

㈠王子飛 名雲，澤洲人。

㈡陳履常 名師道，嘗爲秘書省正字。詳見陳師道與秦少游書作者傳略。

㈢老杜 即唐杜甫。

㈣常山之蛇 孫子九地：「故善用兵，譬如率然；率然者，常山之蛇也，擊其首則尾至，擊其尾則首至，擊其中則首尾俱至。」

㈤讀書二句 晉習鑿齒博學洽聞，以文筆著稱。桓溫深器之，辟爲西曹主簿，嘗謂星人曰：「徒三十年著儒書，不如一詣習主簿。」見晉書本傳。按文中云「十年」，誤。

《作者傳略》

見前。

與王子予㈠書（豫章文集）

宋　黃庭堅

比來不審讀書何似？想以道義敵紛華之兵，戰勝久矣㈡。古人有言：「并敵一向，千里殺將㈢」。要須心地收汗馬之功，讀書乃有味；棄書策而游息，書味猶在胸中，久之乃見古人用心處。如此則盡心於一兩書，其餘如破竹節皆迎刃而解也。古人嘗喻植楊，蓋楊天下易生之木也，倒植之而生，橫植之而生，一人植之；一人拔之，雖千日之功皆棄㈣。此最善喻。顧衰老終無益於高明，子予以謂如何？

《提　要》

黃庭堅與王子予論讀書之道，意謂讀書當如行軍殺敵然，意志專一，熟讀沈思，反覆研究，切忌隨讀隨棄，卒致一無所成。

《注　釋》

㈠王子予　名雩，生平未詳。

㈡道義二句　韓非子喻老：「子夏見曾子。曾子曰：『何肥也？』對曰：『職勝，故肥也。』曾子曰：『何謂也？』子夏曰：『吾入見先王之義則榮之，出見富貴之樂又榮之，兩者戰於胸中，未知勝負，故臞；今先王之義勝；故肥。』」

㈢并敵二句　見孫子九地篇，意謂并兵向敵，雖千里之遠，亦能殺其將也。

㈣植楊　戰國策魏策：「惠子曰：『今夫楊，橫樹之則生，倒樹之則生，折而樹之又生；然使十人樹楊，（惠子作一人）一人拔之，則無生楊矣。』」

《作者傳略》

見前。

與蘇公先生簡

淮海集

宋 秦觀

某頓首再拜知府學士先生：比參寥㈠至，奉十二月十二日所賜教，慰誨勤至，殆如服役；把玩彌日，如晤玉音，釋然不知窮困憔悴之去也。即日伏惟尊候動止萬福。

某鄙陋不能脂韋婉孌㈡，乖世俗之所好。比迫於衣食，彊勉萬一之遇，而寸長尺短，各有所施，鑿圓枘方，卒以不合，親戚游舊，無不憫其愚而笑之；此亦理之必然，無足嘆者。但以再世偏親皆垂白，而田園之入，殆不足奉裘褐，供饘粥，犬馬之情，不能無悒悒爾！然亦命也，又將奚尤！惟先生不棄，而時賜之以書，使有以自慰，幸甚！幸甚！

窮冬末由侍坐，伏乞爲國自重，下慰輿情！不宣。某頓首再拜。

《提　要》

秦觀有高行，豪雋慷慨，不甘隨俗沈浮。初試進士不中，居常坎壈。此書係與蘇軾述蹭蹬狀況，冀其時通音問，使有以自慰。

《注　釋》

㊀參寥　見蘇軾與秦少游㊀注。

㊁脂韋婉孌　脂，脂油；韋，軟皮。脂與韋，俱柔而滑，故以喻人之卑諂者。婉孌，與人親愛貌。

《作者傳略》

秦觀，字少游，一字太虛，高郵人。初舉進士，不中。見蘇軾於徐，軾奇其才，并介其詩於王安石；安石亦推獎之，勉以應舉，始登第。初爲臨海主簿，累遷國史院編修官。旋坐黨籍編管橫州。徽宗立，復宣德郎，放還，至藤州卒。著有淮海集四十卷，詞一卷。

與邵彥瞻簡

淮海集

宋　秦觀

某頓首啓：日月不相貸借，奉違未幾，已復清明。緬惟還自諸邑㊀，尊履勝常，欽企！欽企！

春色遂爾藹然，草木魚鳥，各有佳意。廣陵㊁多登臨之美，臨風把盞，所得故應不貲。古語有之：「良辰美景，賞心樂事，四者難並。」今又以風流從事，從文章太守，游淮海㊃佳郡，豈不爲七難並得乎？甚盛！甚盛！

邑中少所還往，杜門怱怱，無以自娛，但支枕獨臥，追惟舊游而已。欲南去屬私，故未能伺舟，但增引悒！不宣。某頓首。

《提　要》

秦觀讚美邵彥瞻遨遊淮海。

《注　釋》

㈠諸邑　即今山東諸城縣。

㈡廣陵　郡名，宋稱揚州廣陵郡，故治在今江蘇江都縣。

㈢良辰美景三句　見南朝宋謝靈運擬魏太子鄴中集詩序。

㈣淮海　即揚州。

《作者傳略》

見前。

謝人求哀辭書 皇朝文鑑

宋 林希

希白：嘗聞君子無苟於人，患其非情也。昔孔子猶曰：「吾惡夫涕之無從」，而不脫驂而弔㊀，其亦苟也。希於某氏之葬爲非其故，不得與執紼之後，使爲之辭，其將何情以稱？哀之無從，小人所不敢爲者，何足以辱命？

《提　要》

或有輾轉求林希撰哀辭以榮死者，希以與死者素昧平生，哀之無從，作書拒之；其不爲人苟撰文字如此。

《注　釋》

㊀孔子三句　禮檀弓：「孔子之衛，遇舊館人之喪，入而哭之哀；出，使子貢說

驂而賻之。子貢曰：『……說驂於舊館，無乃已重乎？』夫子曰：『予鄉者入而哭之，遇於一哀而出涕，予惡夫涕之無從也。小子行之！』」

《作者傳略》

林希，字子中，福州人。舉進士。紹聖初，爲中書舍人，附章惇密預罷黜元祐羣臣之議，爲時人所不齒。卒謚文節。

與秦少游書

后山集

宋　陳師道

辱書喻以章公㈠降屈年德，以禮見招；不佞何以得此，豈侯嘗欺之邪？公卿不下士尚矣，乃特見於今，而親於其身，幸孰大焉！愚雖不足以齒士，猶當從侯之後，順下風以成公之名。然先王之制，士不傳贄爲臣，則不見於王公。夫相見所以成禮，而其弊必至以自鬻，故先王謹其始以爲之防，而爲士者世守焉。師道於公，前有貴賤之嫌，後無平生之舊，公雖可見，禮可去乎？且公之見招，豈以能守區區之禮乎？若昧冒法義，聞命走門，則失其所以見招，公又何取焉？雖然，有一於此：幸公之他日成功謝事，幅巾東歸，師道當御款段，乘下澤㈡，候公於上東門外，尚未晚也。拳拳之懷，願因侯以聞焉！

《提　要》

師道性清介不苟進。章惇在樞府，聞其名，屬少游致意。將荐於朝，師道報書拒之。

《注　釋》

㈠章公　即章惇。見蘇軾與章子厚注。

㈡御款段乘下澤　後漢書馬援傳：「乘下澤車，御款段馬。」注引周禮考工記：「車人爲車，……行澤者，欲短轂，……短轂則利。」又：「款猶緩也；言形段遲緩也。」

《作者傳略》

陳師道，字履常。一字無已，號后山，彭城人。少受知於曾鞏。熙寧中，王氏經學盛行，師道心非其說，遂絕意進取。後因蘇軾引荐，起爲徐州教授，累遷至祕書省正字。不久，罷歸，不復出。有著后山集及外集談叢、理究、詩話、長短句等傳於世。

上張虞部書

皇朝文鑑

宋 豐稷

稷觀天下無可責之民。或惡或善，或邪或正，或厚或薄，其風俗使然，治得其情，雖至惡可使遷善，雖至薄可使歸厚；治失其道，則反是——乃以民辭，吁何辜邪！近世尤可矜傷悼痛者，莫如農：力耕而食不足，蠶而衣不足；凡上之人，少不加意，爲損不細。竊求其端，而嘗慕善治民者；既師仰之，而又稱誦之，恨不得親見之！

向守官於亳㈠，則城父士民論議縣大夫，更歷多矣，能究民情，恤民隱，無如吾張公也。聞閤下之民，想閤下之風，恨莫之見——不圖天幸，獲爲屬吏。今既遇嗣皇下憫農之詔，深切丁寧，求其策於天下；又遇閤下能究極民弊之淺深，謹先託書以導志。如閤下賜一席，得論其大方，亦可以盡心焉。

《提　要》

豐稷善吏治，洞悉民隱。時朝廷有憫農之詔，稷因尚書張虞部（名未詳）欲有所陳。

《注　釋》

㈠亳　即今安徽亳縣。

《作者傳略》

豐稷，字相之，鄞人。舉進士，徽宗時，累官御史中丞。入對，論蔡京等姦狀。積忤貴近，以樞密直學士守越。及蔡京得政，除名，徙建州卒。諡清敏。

遺札　岳武穆集

宋　岳飛

軍務倥傯，未遑修候。恭惟台履康吉，伏冀爲國自珍？

近得諜報，知逆豫㊀既廢，虜倉卒未能鎮備，河洛之民，紛紛擾攘。若乘此興弔伐之師，則克復中原，指日可期，真千載一機也！乃廟議迄無定算，倘遲數月，事勢將不可知矣。竊維閣下素切不共之憤，熟籌恢復之才，乞於上前力贊俞旨，則他日廓清華夏，當推首庸矣。輕瀆清嚴，不勝惶汗！飛再頓首。

《提要》

紹興中，岳飛渡江伐金，屢建殊功。惜秦檜力主和議，卒致功敗垂成。此書似飛在軍時遺當國者。計其時趙鼎居相位，力圖復興，反對和議之說，書中所稱之閣下，或即鼎也。

《注　釋》

㈠逆豫　劉豫初知濟南府，尋降金，金人册爲皇帝，都大名府，國號大齊。僭位八年，仍爲金人所廢。

《作者傳略》

岳飛，字鵬舉，湯陰人。宣和中，以敢戰士應募，隸留守宗澤。紹興初，平江淮有功，累授武安軍承宣使。高宗手書「精忠報國」四字製旗賜之。歷授少保，河南北路招討使，討平羣寇，屢破金兵。時秦檜力主和議，一日降十二金牌召還。既至，授樞密副使。尋被檜所陷，死於獄中。孝宗時，追諡武穆，後改諡忠武。嘉定中，追封鄂王。有岳武穆集。

答呂伯恭㈠朱文公文集

宋 朱熹

熹昨拜書，以五君子祠堂㈡記文爲請，屢辱教字，都未蒙喻及可否之意。竊觀書札語意，似已不妨出此數語，以慰一方學者之望；況發明前賢出處之意，又高明平昔所以自任之重乎？非專出於鄙意也。濂溪祠㈢記荊州已寄來矣，已屬子澄㈣書而刻之，旦夕刻成，即寄。但所請竊望便爲留意，及熹未去得之，幸甚！石謹具矣，顒俟，顒俟！至懇，至懇！熹上覆。

塾子時乞呼來戒教之爲幸熹又拜懇。

《提　要》

朱熹講學廬山時，嘗建五君子祠及周濂溪祠，並丐呂伯恭撰五君子祠堂記。

《注釋》

㈠呂伯恭　名祖謙，婺州人。博學善屬文，與朱熹張栻齊名。世稱東萊先生。

㈡五君子祠堂　朱熹建陶靖節，劉凝之父子，李公擇，陳了翁祠於廬山，通榜曰「五賢」，蓄陶劉李四人均廬山人，而了翁亦嘗謫居於此也。

㈢濂溪祠　宋名儒周敦頤嘗家於廬山蓮花峯下，世稱濂溪先生。朱嘉在廬山講學時，嘗建祠於講堂西。

㈣子澄　即劉清之，臨江人，嘗游朱熹門。

《作者傳略》

朱熹，字元晦，一字仲晦，婺源人。紹興進士。歷事高宗、孝宗、光宗、寧宗四朝，累官祕閣修撰，寶文閣待制。謚文。熹爲宋代大理學家，其論治以正君恤民爲主，其爲學以居敬窮理爲主，後世學術思想，受其影響至鉅。編著頗富，有易本義啓蒙、詩集傳、大學中庸章句、論語孟子集注、楚辭集注辨、通鑑綱目、宋名臣言行錄及詩文集……等多種。

答詹體仁㈠

朱文公文集

宋 朱熹

湘中學者之病，誠如來教然。今時學者大抵亦多如此，其言而不行者，固失之；又有一種，只說踐履而不務窮理，亦非小病。欽夫㈡往時蓋謂救此一種人，故其說有太快處，以啓流傳之弊。今日正賴高明有以救之也。

爲學是分內事，纔見高自標致，便是不務實了，更說甚麼？今日正當反躬下學，讀書則以謹訓說爲先，修身則以循規矩爲要，除卻許多懸空閑說，庶幾平穩耳；不審尊意以爲如何？

《提　要》

朱熹爲學，主窮理務實，不尚浮言，讀此書，已可見其學術思想之一斑。

《注　釋》

㈠詹體仁　名儀之，遂安人。紹興進士，常從學於朱熹呂祖謙。官至吏部侍郎。

㈡欽夫　即張欽夫。生平未詳。

《作者傳略》

見前。

答姚揀

朱文公全集

宋　朱　熹

承問及爲學之意，足見志尚之遠，甚慰！甚慰！蓋嘗聞之：人之一身，應事接事，無非義理之所在，人雖不能盡知，然其大端，宜亦無不聞者。要在力行其所已知，而勉求其所未至，則自近及遠，由粗至精，循循有序，而日有可見之功矣。幸試思而勉之，幸甚！幸甚！

《提　要》

朱熹答姚揀問爲學之道。「力行其所已知」「勉求其所未至」二句，爲書中主要語，亦即知行合一之義也。按此書一云答盧粹中，未知孰是。

《作者傳略》

見前。

答樊致政(一)　鶴山大全文集

宋　魏了翁

某囚山(二)二年有半，賴習聞師友之訓，粗知義利之分，行乎家人子女，孚於臺隸(三)幼賤，上下相安，處陋邦如樂國；視兄掛冠高蹈，脫然百物之表，雖未可同日語，其爲樂天、安土、知時、順命，有以得其所求，則一也。

勉之以再用之後，不諂不激，雖容進退，所以期我愛我者厚矣！顧瞻四方，蹙蹙靡騁，寧暇議及此哉？

食菜詩甚佳。適居不欠此味，但苦瘠惡，視廣漢新都不能爲役耳。惟八九錢一升白米，八九十一斤豬羊肉，他物稱是；此則吾蜀所無。未能和來韻，且錄近作數詩代之。

《提　要》

魏了翁爲工部侍郎時，不附權貴，爲朱端常誣劾，謫居靖州，建鶴山書院，講學自遣。樊庚嘗以所作食菜詩寄示，並致勉詞。了翁裁書作答自述山居之樂，並附近作數詩以代和韻。

《注　釋》

㊀樊致政　名庚，生平未詳。

㊁囚山　謂謫居山上，有如囚犯也。按此所謂山，即靖州鶴山，在今湖南靖縣城內東北。

㊂臺隸　謂僕從。左傳昭七年：「人有十等，……輿臣隸，隸臣僚，僚臣僕，僕臣臺。」

《作者傳略》

魏了翁，字華父，浦江人。慶元五年，登進士；知嘉定府，丁父憂解官，授徒白鶴山下，學者稱爲鶴山先生。服闋，累官至權工部侍郎。尋爲朱端常所誣劾，謫居靖州。後還朝權禮部尚書，又爲忌者排擠，屢遣外任，官終福州福建安撫使。卒贈太師，謚文靖。了翁窮研經學，自成一家。著作鶴山大全集一百零九卷，及九經要義、經史雜鈔等傳世。

與黃元吉

象山文集

宋 陸九淵

道廣大，學之無窮。古人親師求友之心，亦無有窮已。以夫子○之聖，猶曰「學不厭」，況在常人，其求師友之心，豈可不汲汲也！然師友會聚，不可必得，有如未得會聚，則隨己知識，隨己力量，親書冊，就事物，豈皆蒙然懵然略無毫髮開明處？曾子曰：「遵其所聞則高明，行其所知則光大」；非欺人也。今元吉縱未有聞所未聞，見所未見處，且隨前日所已聞已知者尊之行之，亦當隨分○自有日新處，莫未至全然爲冥行也。學者未親師友時，要當隨分用力，隨分考察，使與汲汲求師友之心，不相妨害，乃爲善也。此二者一有偏勝，便入私小，即是不得其正，非徒無益，而害之也。

《提　要》

陸九淵與黃元吉論求學固貴有師友爲之導，其未得師友時更應就所聞見，努力研攻。

《注　釋》

㈠夫子　謂孔丘。
㈡隨分　猶言隨時。

《作者傳略》

陸九淵，字子靜，金溪人。乾道中，登進士第，調靖安縣主簿，除敕令所刪定官。後辭官還鄉，居貴溪之象山，從學者雲集，自號象山翁。嘗與朱熹會講鵝湖，論辨多不合，故宋代理學有朱、陸二派。光宗立，起知荊門軍，能以德化民，俗風爲之一變。卒諡文安。著有象山集二十八卷，外集四卷及語錄行世。

與符舜功

象山文集

宋 陸九淵

見諭新工，足見嗜學，吾嘗謂揚子雲㈠韓退之㈡。雖未知道，而識度非常人所及，其言時有所到而不可易者。揚子雲謂：「務學不如務求師。師者，人之模範也；模不模，範不範，爲不少矣。㈢」韓退之謂：「古之學者必有師。師者，所以傳道授業解惑也。人非生而知之，孰能無惑？惑而不求師，其爲惑也，終不解矣」㈣。近世諸儒皆不及此，然後知二公之識，不易及也。吾亦謂論學不如論師，侍師而不能虛心委己，則又不可以罪師。乘便遽甚，遺此不他及。

《提　要》

陸九淵與符舜功論學者求師之重要；既得其師，尤當虛心委己，不可自矜過甚，動輒罪師，按士之從九淵學者甚衆，舜功或是其一；若然，則此書志有所諷矣。

《注　釋》

㈠揚子雲　即漢揚雄。
㈡韓退之　即唐韓愈。
㈢務學五句　見揚雄法言學行篇。
㈣古之學者六句　見韓愈師說。

《作者傳略》

見前。

勉林學士希逸㊀ 文山全集

宋 文天祥

某夙有幸獲，與介弟爲寅恭㊁，因之有以詢居處著作之萬一。不戚戚得喪，而言語文章足以詔今傳後，——竹溪先生何憾哉！一日之赫赫者多矣，千載而赫赫者幾人？爲一日計者，無千載也，決矣！

《提　要》

文天祥勉林希逸凡事常爲千載計，不求一時之榮譽。

《注　釋》

㊀林希逸　字肅翁，號竹溪，福清人。端平進士，官至考功員外郎。

㊁寅恭　同官也。按：寅恭，乃敬畏之意。書皋陶謨：「同寅協恭和衷哉。」謂

在朝爲臣，同其敬畏也。

《作者傳略》

文天祥，字宋端，又字履齋，號文山，吉水人。理宗時進士，累遷湖南提刑，改知贛州。元兵入寇，天祥應詔勤王，拜右丞相，使往元軍請和，被執，遁入真州，輾轉至福州。益王拜天祥爲左丞相。衛王立，加少保，封信國公。募兵轉戰，力圖恢復，兵敗被執。居燕三年，終不屈，作正氣歌以見志，遂被誅。有文山集、文山詩史傳世。

【金】

臨終遺子書

金史韓玉傳

金　韓玉

此去冥路，吾心皓然。剛直之氣，必不下沈，兒可無慮！世亂時艱，努力自護！幽明雖異，寧不見爾！

《提要》

大安三年，韓玉以鳳翔判官擊退夏人，當事者忌其功，卒加誣害。玉臨終時嘗遺書與子不疑訣別。不疑以父死非罪，誓不祿。

《作者傳略》

韓玉，字溫甫，漁陽人。明昌五年登進士，入翰林為應奉，應制一日百篇，文不加點。後遷鳳翔判官，以擊敗夏人，為當路者所忌，誣以與夏寇有謀，終被囚死。

【元】

答何尚書 靜修文集

元 劉因

某再拜復：辱疏，禮意甚厚，實非所敢當也。然易㈠之風土，素所慕愛；而公子之才器，則又所願交而未得者也；又平生嘗苦無書讀，每思欲館於藏書之家而肆其檢閱，——而今之藏書，復孰有如公之多者！是三者，蓋十年之所欲求而不得者，今一朝不求而併得之。且公出貴家而能不忘子孫教養之計，求之古人，亦不多見，而某又何暇辭？但事緒卒不能絕，六七月之交，當再議之。某再拜。

《提　要》

何尚書（名未詳）敦請劉因爲西賓，因以事緒所羈，答書請緩。

《注　釋》

㈠易　即今河北省易縣。其地古多悲歌感慨之士。

《作者傳略》

劉因，初名駰，字夢驥，後改今名，字夢吉，保定容城人。天資絕人，才器超邁。不忽木薦之於朝，徵授承德郎右贊善大夫，以母疾辭歸。後又召爲集賢學士，嘉議大夫，固辭不起。卒謚文靖。今有靜修文集三十卷傳世。

答王判官書 靜修文集

元 劉因

某頓首復，總判執事：向居保府㈠，竊聞才名風節之餘，向慕而願交之者有日矣，然公宦游南北，而僕復閉門癡坐，蹤跡蹉跌；是以十年之間，僅望見風采一二於稠人中，竟未嘗接杯酒殷勤之歡，以道其相與之意。及來山中，交道日狹，故人日疎，凡鄉曲之賢，平昔之願交而未得者，日往來於心，其相與之意故在。忽八月九日領四月間見寄詩，其賦敍平實而興寄高遠，辭旨精嚴而風格古雅；其平日磊磊自負，與夫期待之辱，又概見於言意之表，讀之不覺驚喜，向之願交而相與者自此敢少進於前矣。特恨浮沈久而得之晚，和答難而報謝遲，故謹專人先此馳復，比良晤。秋嚴，惟順時以道自愛！不宣。八月二十七日某再拜。

《提　要》

劉因答王判官（名未詳）。先敍向慕之切，暨稱其所寄詩，並恨相交之晚。

《注　釋》

㈠保府　即舊保定府，故治在今河北清苑縣。

《作者傳略》

見前。

與友人書 清閟閣集

元　倪瓚

昨日承蔬筍不托(一)之供，獲接清言永日。別後與元舉叔陽，攜琴過普渡精舍，相與盤礴林影水光中；而令子來，始知從者散步林墅橋，急遣一介往候，則從者興盡已返。

旦來雷雨大作，想惟動靜輕安。昨見樽俎間，韭芥蒿菜之屬，秀色粲然；今日得雨，必是苗芽怒長，更佳也。況蒙許送，久伺不見至，戲作小詩促之。瓚頓首。

《提　要》

倪瓚遺書友人告曰昨暢遊之樂，並附小詩索贈韭芥之屬。

《注　釋》

㈠不托　古稱湯餅爲不托。

《作者傳略》

倪瓚，字元鎭，號雲林，無錫人。工詩，善畫山水。家富，四方名士，日至其門。至正初，散資遺親友，扁舟往來震澤、三泖間。張士誠累欲鉤致之，終不應，有青閟閣集十二卷行世。

與危太朴㈠內翰書 青陽集

元　余闕

史館㈡兩得從游，豈勝榮幸！區區南行，又辱盛餞，尤其感刻也！鄉暑，伏想文苑優游，雅候動履多福，良慰！良慰！友人趙子章北上觀光，謹此附謝。子章有學而能詩，佳士也，得公眄睞，當價增十倍矣。仲舉、志道、以聲、景先、中夫、希先、鳴謙諸先生處，不及別狀，望致下忱，爲感！餘惟自重！不具。

《提　要》

余闕南行後問候危素，並謝往昔厚誼。

《注　釋》

㈠危太朴　名素，一字雲林。元至正間嘗修宋遼金三史，累遷翰林學士承旨。入明，爲翰林侍講學士兼弘文館學士，與宋濂同修元史。

㈡史館 修史之處。

《作者傳略》

余闕，字廷心，一字天心：色目人，徙居合肥。元統進士，累官參知政事，守安慶，爲政嚴明，治軍與士卒同苦。陳友諒亂起，城陷，自刎死。著有青陽集四卷。

與中書參政成誼叔㈠書 青陽集

元 余闕

別後凡三奉書，而使者久皆不還，伏計道梗，不能上達。閣下位望日隆，負荷日難，特切爲之懸心。比聞賀公復相，迺大可慶！然聞尚在軍中，不知置左右者何人？相知曾見任否？

江淮賊勢，本不難定，特以考察不明，刑罰失當，諸將玩愒，遂致難圖。區區小邑㊀，雖曰上下一心，幸爾完固，紅爐片雪，實爲可憂耳！今長江萬里，止存此城，如大病之人，命脈未絕，猶有復生之理。失今不救，則首尾衡決，江南大難定也。茲遣奏差丁正等前赴左右白事，諸所請求，惟閤下是賴。倘蒙朝廷俱賜準報，不惟此邦之幸；未破城邑，孰不以安慶自勉？國家亦有利也。

縷縷之言，具別幅上陳，不善爲斲。使還，賜教以匡不及，不勝幸荷！不具。

《提要》

至正二十年陳友諒亂起，江淮一帶咸被攻陷，惟余闕固守安慶，屢攻不下。然孤立無援，卒仍城破身殉。余闕此書，係孤守安慶時向中書參政成誼叔上陳其時軍情之危急，懇其轉達朝廷，設法援救。

《注釋》

㊀成誼叔　名遵，穰人。元統進士，累官中書左丞。

㈡區區小邑　指安慶府，故治即今安徽懷寧縣。

《作者傳略》

見前。

【明】

與王仲縉書

遜志齋集

明　方孝孺

某白：別後終日汨汨深泥中，執轡兢兢，每虞傾跌，幸無所苦；前途未知稍勝否？敬謹之外，一聽之自然，無所用心也。

來書言相念之意，甚增感歎。方今斯文寥落，所望於足下者，豈有涯哉！望勿以聖賢之言爲空談，知之欲真，踐之欲篤，自期者欲遠大，顧諟明命，㈠以勿負天之所授，庶幾其可耳。如某之頑闇，曾何足效耶！當以千古爲師，俟後世之知己，無薄於自待，而淺於求合；況賢王以身率之，宜無待於區區之言矣。

赴京不知在何時？惟進道自愛！見表兄及鄭庶子諸公，亦望致此意。某端肅奉白。

《提　要》

方孝孺勉王仲縉：「知之欲真，踐之欲篤，自期者欲遠大」數語，足爲後學座右銘。

《注　釋》

㈠顧諟明命　書太甲：「先王顧諟天之明命。」顧，還視也；諟，古是字，明命者，上天顯然之理而命之我者，在天爲明命，在人爲明德。

《作者傳略》

方孝孺，字希直，一字希古，寧海人。從宋濂學，工文章，以闢異端爲己任。洪武中，除漢中府教授。蜀獻王聘爲世子師，名學舍曰「正學」。建文時爲侍講學士。燕王入南京，即帝位，召使草詔，不從，遂磔於市。福王時，追謚文正。學者稱正學先生。著有遜志齋集二十四卷。

與劉修撰書

兩溪文集

明 劉球

往年足下官內禁，多閒暇之日，僕方歷職禮部，欲常會晤以論學講道，不可得。今幸獲內遷，亦頗無事，使足下尚留京，得時相往還，則其爲樂何如也！足下乃先引去。顧當時同遊在京者，惟僕一人，其無聊賴，殆甚於初。每退食燕處。遇美風日，未嘗不爲足下翹首而南望。不知足下置身田里，養有壽親，誨有能子，傳業有其徒，無適不安，亦復有心於輦轂之下，尚懷其未歸之人否？

僕數言之當道，欲致足下來京一相見，而顧不可遂。然足下昔與共事如曹員外、刑侍御者，近復有命預內事，而不輟外政；又各舉其一子在官習所業。意此事復舉，則足下當不得久逸林下；僕之所以懸懸於足下者，亦或有可卜之期也。

賢郎才思，妙不可當，約以規矩，古人之地不難到，幸加勉焉！餘不能悉。

《提　要》

劉球函劉修撰（名未詳）。言別後繫念之殷，冀其有重起入京之日；並美其子之才，勉以好爲栽植。

《作者傳略》

劉球字求樂，更字廷振，安福人。永樂進士，入侍經筵，歷翰林侍講。正統初，以忤王振逮下詔獄，被支解死。景泰初，諡忠愍。著有隸韻及兩溪文集二十四卷。

與歐陽僉事 兩溪文集

明　劉　球

僕竊謂足下居得肆於文學，出得美其政事。略無內顧之憂者，以壽母令兄綜理其家有餘裕也。向別未幾，聞於臨清㊀道中，哭壽母訃，又哭令兄訃；二尊長連相棄背，天不憖遺㊁，哀慟之情，能不切於中乎！僕亦不能不爲知己傷懷失色也。雖然，足下嘗爲朝廷所選，往督河南諸郡縣，子弟進業，德望在士大夫間，不爲不重，嚮用之期，殆不可涯。襄事之下，宜捐憂思，頗事著作，庶他日復即官政，得有所持以惠於人。

昔朱文公㊂家禮一書，多成於喪次。古之大賢，不忍過爲毀傷以廢其業，於此亦可驗矣。足下豈得以哀戚之故，久棄簡札耶？僕嘗以此爲周侍讀勸矣，今又以勸足下。二公郡中賢者，其志素期千古，故敢及此，在他人則非所預也，冀亮察之！

《提　要》

歐陽僉事（名未詳）連喪母兄，哀毀盡禮。劉球作書慰唁。且勗以於喪次勤事著作，以惠於人。

《注　釋》

㈠臨清　即今山東臨清縣。

㈡愁遺　見沈約答樂藹書注。

㈢朱文公　即朱熹。

《作者傳略》

見前。

與人書（石田集）

明　沈周

昨者擾德，歸途已侵暮色矣，及至家欲息勞，人事愈加蝟集，奈何！奈何！絕非養老藏修之事，衰年涉於自苦，真不知保者。惟足下諒我知我，敢以爲告。

茲有小浼：南京馬漢臣，斯文中佳士，博交賢大夫。今襲爵北行，遊於吳中，僕與有舊識。久慕華錢各宅好美，欲往而無媒，來求於僕。僕則惟足下能周旋可賴，餘莫知者。求足下其諒我也，幸勿深拒！諺云：「人生何處不相逢」也。不宣。

《提　要》

沈周浼人代友向好義者紹介。

《作者傳略》

沈周，字啓南，號石田，又號白石翁，長州人。博學無所不窺。尤工於畫，與唐寅、文徵明、仇英並稱爲明之四家。爲人耿介獨立，風神蕭散，如神仙中人。世稱石田先生。著有石田文集及雜記、詩選等。

與許臺仲書

陽明先生集

明　王守仁

榮擢諫垣，聞之喜而不寐，非爲台仲喜得此官，爲朝廷諫垣喜得台仲也。孟子云：「人不足與適也，政不足與間也，惟大人爲能格君心之非；……一正君而國定矣」㈠，碌碌之士，未論其言之若何苟言焉，亦足尚矣。若夫君子之志於學者，必時然後言而後可，又不專以敢言爲貴也。去惡先其甚者，顚倒是非，固已得罪於名教，若搜羅瑣屑，亦君子之所恥矣；尊意以爲何如？

向時格致㈡之說，近來用工有得力處否？若於此見得真切，即所謂一以貫之，如前所云，亦爲瑣瑣矣。

《提　要》

王守仁賀許台仲擢升諫官，並論諫諍之道。寥寥數語，足爲諫官法。

《注　釋》

㊀人不四句　見孟子離婁上。適音謫，過也；間，非也；極，正也。

㊁格致　大學：「致知在格物。」按陽明先生倡「良知」之學，所釋格致二字，與宋儒異，一時多主其說，後人因稱之姚江學派。

《作者傳略》

王守仁，字伯安，號陽明，餘姚人。弘治進士。累擢右僉都御史，巡撫南贛，平大帽山諸賊，定宸濠之亂。世宗時，封新建伯，總督兩廣。卒謚文成。其學以良知良能爲主，世稱爲姚江派。嘗築室陽明洞，學者稱陽明先生。有詩文集三十八卷，與陽明鄉約法等行世。

與黃誠甫㊀陽明先生集

明　王守仁

立志之說，已近煩黯，然爲知己言，竟亦不能舍是也。志於道德者，功名不足以累其心；志於功名者，富貴不足以累其心。但近世所謂道德，功名而已；所謂功名，富貴而已。仁人者，正其誼不謀其利；明其道不計其功。一有謀計之志，則雖正誼明道，亦功利耳。

日仁㈡又將遠別，會中須時相警發，庶不就弛廢。誠甫之足，自當一日千里，任重道遠，——吾非誠甫，誰望耶？臨別數語，彼此闇然，終能不忘，乃為深憂。

《提要》

黃誠甫嘗從陽明先生論學。先生此書，係與誠甫論立志之道，貴乎正誼明道，不當謀計功利。

《注釋》

㈠黃誠甫　名宗明，鄞人。正德進士，官終禮部侍郎。

㈡日仁　徐愛字。愛，餘姚人，少溫文敏達，嘗從王守仁游。守仁器之，妻以女弟。舉正德進士，歷官南工部郎中。

《作者傳略》

見前。

與薛尚謙㈠

陽明先生集　　明　王守仁

沿途意思如何？得無亦有所作否？數年切磋，只得立志辨義利。若於此未有得力處，卻是平日所講，盡成虛話，平日所見，皆非實得，不可以不猛省也。經一蹶者長一智，今日之失，未必不爲後日之得，——但已落第二義，須從第一義上著力。一真一切真，若這些子既是，更無討不是處矣。

此間朋友聚集漸衆，比舊頗覺興趣。尚謙既去，仕德㈡又往，歐陽崇㈢一病歸；獨惟乾㈣留此，精神亦不足。諸友中未有倚靠得者，若於接濟乏人耳。乞休本至今未回，未免坐待。尚謙更靜養幾月，若進步欠力，更來火坑中乘涼，如何？

《提　要》

薛侃師事王守仁於贛州，離贛後，守仁嘗遺書勗勉，並告在贛近況。

《注　釋》

㈠薛尚謙　名侃，揭陽人。正德進士。師事陽明先生，深得王氏之學。

㈡㈢㈣仕德歐陽崇惟乾　惟乾，姓冀，名元亨，號闇齋。正德舉人。嘗代王守仁與宸濠論學。仕德、歐陽崇二人，生平未詳，當亦係守仁之門人。

《作者傳略》

見前。

奉林公書空同集

明　李夢陽

愚生也晚，不幸不獲侍公；然又私幸溉公之餘波，凡聞公一言一行。真如覩景星，瞻高岳，寤寐嚮往，以標以趨，而愧莫之能也。

所委序詩之文，力綿才孱，實莫敢承；而札教屢及，豐貺接至。夫學非子夏，孰引毛詩㈠？識殊元凱，胡增左氏㈡，將筆復輟，竟自遲疑。屬石峯藩使剋日北行，有僮南返，因自竊計大賢知遇，義難卒孤，即文之弗佳，亦鄙人請益之端也。用是弗揣，輒作林公詩序一篇。言或過當離經乖義，就便點竄，敢不拜公之明惠！

《提　要》

林公（未詳何人，閱書中首段所云，當係朝士之已致仕者）論李夢陽撰詩序，夢陽因便以應，並付短簡。

《注　釋》

㊀子夏二句　子夏姓卜名商，孔子弟子。相傳毛詩傳自子夏，詩序爲子夏所作。

㊁元凱二句　晉杜預，字元凱。精研左傳，而有春秋左氏經傳集解等書，成一家之學。

《作者傳略》

李夢陽，字獻吉，號空同子，慶陽人。弘治進士，授戶部主事。武宗時，嘗代尚書韓文屬草劾劉瑾，遘禍幾危，以氣節名世。及瑾誅，起爲江西提學副使，旋又因事奪職。夢陽工詩文，時人以才子目之。有空同集及空同子行於世。

奉遂庵先生書〈空同集〉

明　李夢陽

張陶二客，比數往來以是得聞起居，爲詳爲慰。某疑似之跡，市虎㈠成真，而勘臣遂以殺人媚人爲心，鉤織窘辱，無所不至。幸素翁㈡當道，疑剖似解，不費言說，大誣明。釋某嘗自鄙，亦嘗自幸：自鄙者，疎亢弗容於時；自幸者，元老碩公取爲乭駕㈢之馬，目爲磊珂之材也。某反觀私計，平生不敢爲汙下苟且之行，即遘擠陷，不敢爲門牆玷也。

《提　要》

弘治十八年夢陽應詔上書，極論時弊，末詆壽寧侯張鶴齡招納無賴，罔利賊民，勢如翼虎。鶴齡奏辨摘疏中「陛下厚張氏」語，誣夢陽訕母后爲張氏，坐下獄當死。賴孝宗知其冤，得赦。此書所敍，即其書也。

《注釋》

㈠市虎　韓非子內儲說：「夫市之無虎也明矣，然而三人言而成虎。」喻讒者多，能以僞亂真也。

㈡素翁　林俊，號見素。成化進士，時官刑部員外郎。

㈢覂駕　漢書武帝紀：「夫泛駕之馬。」顏師古注：「泛，覆也。本作覂，後通用耳。覂駕者，言馬有逸氣不循軌轍也。」

《作者傳略》

見前。

盡節前寄家書（垂光集）

明　周璽

前見潘二舅書，說你母子要來京，不知何意？我在科多年，其淡薄爾輩所知。況此時劉瑾㊀陰肆逆謀，主上信任不疑，諸臣懼勢不言；我雖屢疏未下。每念及此，食不下咽。爾輩但宜在家平平過日，各事學業。倘有難處之事，請潘二舅裁酌，不必來京，以致多事。五月初一日父寄。

《提要》

武宗時，劉瑾肆虐，周璽論諫深切，率與中官牴牾，爲劉瑾所陷，下獄榜掠死。此係璽於未被逮捕前寄子書，勸阻妻孥弗入京，免致多事，可知其時璽之環境，異常險惡也。

《注釋》

㈠劉瑾　明之宦官。有寵於武宗，掌司禮監，斥正士，專政權，陰謀不軌。後爲張永所奏，帝命執之，磔於市。

《作者傳略》

周璽，字天章，衛人。弘治進士。武宗朝，累官順天府丞。以忤劉瑾，被陷，逮下獄，榜掠死。有垂光集。

與沈敬甫　震川先生集

明　歸有光

大水没路，不通人行，遂至音問隔絕。此鄉徽連年亢旱，今歲卻種花豆，淫雨滂爛，奈無圩岸，橫水泛濫，莫能措手。昨兩日雨止，覺水退一二寸，一年所望花豆，已無有矣。方令人番畊，買秧插蒔，倍費工本，又太後時；然不無萬一之望。人來言西鄉極恇擾，非是此地高强，此間人耐荒，西鄉人不耐荒耳。

文字三首送敬甫、子敬、懋儉㈠共觀。嘗記泉老説王濟之官至一品，富擬王侯，文字中乃自言家徒壁立，可笑。吾無隔日儲，然文字中著一貧字不得，殆不可曉也。

《提　要》

歸有光與沈敬甫書，敍述本地農作物因水災而歉收之情形，並附文三首以贈。末段所論，道破前代文字好假貧爲清高，及爲文不尚真實之弊。至有光爲文，「著一貧字不得」，適足顯示其能安貧之美德。

《注　釋》

㈠子敬懋儉　王子敬，顧懋儉，均歸有光知友。

《作者傳略》

歸有光，字熙甫，吳郡崑山人。九歲能屬文，弱冠盡通五經三史。舉鄉試，上春官不第，徙居嘉定安亭江上，讀書講道，學者稱爲震川先生。嘉靖四十四年始舉進士，授長興令，多惠政；常用古教化爲治。隆慶中爲南京太僕寺丞。著有文集三十卷，別集十卷，及易經淵旨、諸子彙函、文章指南等行世。

與宣仲濟㈠書　震川先生集

明　歸有光

有光頓首，仲濟足下：自足下之寓吾崑山也，僕始得一見，以爲溫然君子；

既而聞宣烈婦㊁之事，益慨歎以爲此即向所見宣生之姊也。及觀足下所撰述數百言㊂，凜然如見其人，又喜烈婦之有弟，可託以不朽也。僕向許作傳，因循未及論次；茲當遠役，須俟少暇爲之。

夫烈婦之所自立者難矣，此理在天地間昭昭耿耿，千萬年不滅，傳與不傳，此是吾輩事耳，如烈婦則何暇於此㊃。向與浩卿語及旌表，令人憤懣。使者徒知藉天子命作威福，寧復知紀綱風化爲何物！——此亦非一日矣。然龍逢比干㊄當時亦何嘗旌表哉！

人去，草草，明當奉晤。不一。

《提　要》

歸有光稱頌宣仲濟姊之貞烈，並許爲之撰文。按：震川先生集中有宣節婦墓碣一文，當在此書以後所作。

《注　釋》

㊀宣仲濟　名應，嘉定人。

㈡宣烈婦　仲濟姊，張樹田妻。樹田卒，婦圖自盡，爲人所覺，得復甦。後三年，父母謀嫁之，遂自縊以殉。

㈢所撰句　讀仲濟所撰烈婦行狀。

㈣何暇於此　謂其一死殉節，不暇計身後名也。

㈤龍逄比干　關龍逄，夏桀賢臣。桀爲長夜之飲，切諫不從，遂被殺。比干，殷紂諸父，亦以力諫爲紂剖心而死。

《作者傳略》

見前。

與王子敬　震川先生集

明　歸有光

南還，與旌旆差池僅旬日，恨不一會！僕以二月十二之任。山鄉久不除令，告訐成風，犴獄常滿，治文書至夜不得息，殊違所性。所幸士民信其一念之誠，兒童婦女，皆知敬慕，深愧無以使之不失望耳。每一聽斷，以誠心求之，此心自覺豁然清明。仕與學，信非二事也。如是行之無倦，知古人不難爲矣。

《提　要》

歸有光與王子敬言到任後狀況；並論治民之道與治學無異，誠心求之，斯得矣。

《作者傳略》

見前。

與吳江無錫諸同事

震川先生集

明　歸有光

久不承動靜，無任懷仰。彼此聚會，當在三千里之外，而不能相期於一舍之遙，此可嘆也！

去年海上之驚，寇難日深。吾邑㊀創殘尤甚，四境之內，無地無兵，可謂焚林而畋，竭澤而漁矣。當事者竟未有長策以禦，而有司日以賦斂爲急。東南之事，有不知其所終者，何如！何如！

《提　要》

明嘉靖中，倭人入寇，江浙一帶，幾無完土。歸有光此書，正論其事。「當事者……」二句，可見其時官吏之腐敗。庶民何辜，罹此奇禍，無怪有光之呼「何如」矣。

《注　釋》

㊀吾邑　謂江蘇崑山縣。

《作者傳略》

見前。

與洪方洲（荊川文集）

明 唐順之

近來覺得詩文一事，只是直寫胸臆，如諺語所謂「開口見喉嚨」者，使後人讀之，如真見其面目，瑜瑕俱不容掩，所爲本色，此爲上乘文字。揚子雲㊀閃縮譎怪，欲說不說，不說又說，此最下者；其心術亦略可知。眉山子㊁極有見，不知韓子荊國㊂何取焉？近來作家如吹畫壺（原注：小兒所吹泥鼓，俗謂之畫壺），糊糊塗塗，不知何調？又如村屠割肉，一片皮毛，斯益下矣。試質之兄，其有會焉否？

《提 要》

唐順之與洪方洲論文，以忠實寫作，如何想即如何寫爲上乘；閃縮譎怪，故弄玄虛爲次；胡亂雜寫，無中心意識可言者爲最下。

《注　釋》

㈠揚子雲　即漢揚雄。
㈡眉山子　即宋蘇洵。
㈢韓子荊國　即唐韓愈與宋王安石。

《作者傳略》

唐順之，字應德，一字義修，武進人。嘉靖進士。以郎中視師浙江，泛海痛擊倭寇，擢左僉都御史，巡撫鳳陽；力疾渡焦山，至通州，卒。崇順中，追謚襄文。順之學問淵博，留心經濟。其文汪洋紆折，無不盡之意，屹然爲一代之宗。有荊川文集、廣右戰功錄，南北奉使集……等行世。

與安子介書（荊川文集）

明　唐順之

謹具布被一端，奉爲令愛送嫁之需。布被誠至質且陋矣，然以之而廁於刺繡、結繪、綾綺、綃金、綴翠、玄朱、錯陳之間，則如葦籥土鼓，而與朱絃、玉磬、金鐘、大鏞相答響，乃更足以成文。又如貴介公子張筵邀客，珠履貂冠，狐裘豹褎，聯翩雜座，既美且都，而有一山澤被竭老人，逍遙曳杖其間。乃更足以粧點風景而不失其爲質且陋也。且夫桓少君㊀之事，兄之所以養成閨行而出乎習俗之外者，豈足多讓古人哉！素辱知愛，敢以家之所常用者爲獻而侑之以辭；不然，亦願兄受之而以畀之媵僕之用可也。

《提　要》

安子介女出閣，唐順之以布被爲禮物，恐受者嫌其質且陋，故侑之以辭。所譬二喻，不僅能自圓其說，且亦風雅可喜。末段引桓少君作進一層之解釋，更是針砭世俗嫁女崇尚華侈之惡習。

《注　釋》

㈠桓少君　後漢鮑宣妻。初歸宣，裝奩極盛。宣不悅，少君乃悉歸資御服飾，與宣共挽鹿車歸鄉里，修行婦道，鄉里稱之。

《作者傳略》

見前。

答少司馬楊二山書（太岳集）

明　張居正

比來士習人情，漸落晚宋窠臼中，有識者雖心憂之而不敢言。僕不揣淺陋，妄有所陳，猥辱高明，特垂鑒獎，感謝！感謝！

賈生㊀有言：「使管子而愚人也則可，使管子而少知治體，則豈不爲之寒心哉」㊁！今遇清明之朝，當改弦之會，而不相與勵翼協力，共圖實事，猶欲守故轍，騖虛詞，則是天下之事，終無可爲之時矣。來教謂：「自今衹論事功以爲黜陟，凡稱清稱高談玄及議論無實者，一切斥之不顧」。旨哉言乎！

《提　要》

明自嘉靖以後，政務積弛，朝野之士，非自稱清高，談玄說理，置國事於腦後；即好高談闊論，無補於社稷。居正此書所論，切中時病，宜其爲相時以「實是求是」治國，政事為之一新也。

《注　釋》

㈠賈生　即漢賈誼。

㈡管子三句　見漢書賈誼傳。顏師古注：「若以管子為愚人，其言不實，則無禮、義、廉、恥可也；若以管子為微識治體，則當寒心而憂之。」

《作者傳略》

張居正，字叔大，號太岳，江陵人。嘉靖進士，穆宗時，與高拱並相。神宗時，代拱為首輔。一切政事，力主實事求是，為相十年，海內大治。卒諡文忠。著有太岳集、帝鑑圖說、書經直解等行世。

答葛總憲與川論友道書（太岳集）

明　張居正

今之隱退者，皆以通書政府爲嫌，僕竊所不取。夫古之君子，以道相與，出處語默，曾何間焉？況大臣雖在畎畝，猶懷廊廟之慮，所爲居政府者，非其僚友，則其素相知也。其人賢耶，固當告之以四方幽隱，以贊其廊廟之慮；不賢耶，亦當匡救其闕，而教督其所不逮，俾無致疚於國於民；斯古之君子所以篤交誼而不忘國家也。

自翁歸，政府三奉教言，輒三歎之。夫翁亦猶行古之道也！但所奉書詞，徒聞溢美，未領切磨㈠，將行古之道而未盡耶？得毋其人之不足以莊語耶？

《提　要》

張居正當國，虛懷納諫，博採在野諸賢言論，以期改進政治，實行其「綜核名實」之政策。此書責葛與川僅進溢美之詞，未有切實之論，其一生相業，已可想見。

《注　釋》

㈠切磨　治骨曰切，治石曰磨；謂其規諫，有如角石之得切磨。使己有所進修也。本出詩衛風淇澳：「如切如磋，如琢如磨。」

《作者傳略》

見前。

答賀藩伯澹庵書（太岳集）

明　張居正

別楮一一領悉。夫人才難知，知人固未易也。不穀平日無他長，惟不以毀譽為用舍。其所拔識，或出於杯酒談笑，或望其丰神意態或平日未識一面，徒察其行事而得之，皆虛心獨鑒，匪借人言；故有已躋通顯㊀而其人終身不知也。如公所言，咸冀援於衆力，借譽於先容；若而人者，焉足以得國士？而士亦孰肯為之用哉。辱示略陳所以，自是誠宜忘言矣。

《提　要》

張居正答賀澹庵，述其甄拔人才，注重才能，「不以毀譽為用舍」；至如「冀援於衆力，借譽於先容」云云，則非延致國士之道，而士亦未必肯為之用也。

《注　釋》

㈠通顯　猶言顯達。

《作者傳略》

見前。

訓家人

惺堂文集

明　史桂芳

陶侃運甓㈠，自謂習勞，蓋有難以直語人者。勞則善心生，養德養身咸在焉；逸則妄念生，喪德喪身咸在焉。吾命言兒稽孫，不外一勞字：言勞耕稼，稽勞書史；汝父子其圖之！

《提　要》

史桂芳訓兒孫習勞。

《注　釋》

㈠陶侃運甓　晉陶侃爲廣州刺史，朝運百甓於齋外，暮運於齋內。人問其故。侃曰：「吾方致力中原，過爾優逸，恐不堪事。」參閱陶侃遺荀崧書作者傳略。

《作者傳略》

史桂芳，字景實，號惺堂。嘉靖進士，初知歙縣，歷知延平、汝寧二府，遷兩浙運使。爲政廉直愛民，黎庶德之。桂芳學宗陳獻章，所爲文樸實可誦。著有惺堂文集十四卷。

寄子書 梅花草堂集

明 任 某

我兒細細叨叨，千言萬語，只欲乃父回衙，何風霜氣少，兒女情多耶！你老子領兵不能討賊，多少百姓不得安家？齧氈裹革㈠，此其時也，安能學楚囚對兒等相泣幃榻耶？以後世事不知若何？幸而承平則父子享太平之樂，不幸而戰不勝，則夫死忠，妻死節，子死孝，咬定牙關，大家成就一個「是」而已。可與汝母言之，不必多言！

《提 要》

此書自明張大復梅花草堂集轉錄，據云採自備倭始末。全書辭旨忠壯，其愛國愛民，抵死抗敵之精神，實堪爲當今國難嚴重時期之楷模，惜其名未傳，殊以爲憾耳。

《注　釋》

㈠齧氈裹革　漢蘇武使匈奴，單于幽武置大窖中，絕不飲食；天雨雪，武臥齧雪與旃毛。又後漢馬援嘗云：「大丈夫當死於疆場，以馬革裹屍耳。」

《作者傳略》

未詳。

出京辭同年

賴古堂名賢尺牘新鈔

明　支大綸

生以狂妄，上觸權奸，概從竄逐，如白頭媳婦，屢易翁姑，無論食性，難諳舊嫌，易隙而華色既衰，即務爲婉孌恭媚之容，酒漿織紉之勞，亦且醜之矣；況諸姑小叔，嘖有煩言，又有不可必者乎？此所以自古孤孽，終於銜怨以沒齒，而生之決意長往。以自同於鑿坯灌園㊀之侶者也。

《提　要》

支大綸生性亢直，在京時常爲權貴所忌，懷志不遇，鬱鬱出京，頗有退隱之意。此書喻做官須迎承權奸，有如白頭媳婦屢易翁姑，終難討好，況尚有羣小如諸姑小叔在旁播弄哉！

《注　釋》

㊀鑿坯灌園　漢書揚雄：「故上或自盛以橐，或鑿坯以遁。」應劭注：「魯君聞顏闔賢，欲以爲相。使者往聘，鑿後垣而亡。坯，壁也。」又說苑尊賢：「於陵仲子辭三公之位，而傭爲人灌園。」

《作者傳略》

支大綸，字心易，一字華平，嘉善人。萬曆進士。由南昌府教授擢泉州府推官。後謫江西布政使理問，官終奉新縣知縣。著有支子餘集、華萃詞、世穆兩朝編年史。

示兒

賴古堂名賢尺牘新鈔

明　支大綸

丈夫遇權門須腿硬；在諫垣須口硬；入史局須手硬；值膚受之愬㊀須心硬；

浸潤之譖㊁須耳硬。

《提　要》

文大綸誡子五硬，寥寥數語，仕道盡矣。

《注　釋》

㊀㊁膚受之愬浸潤之譖　見論語顏淵篇。

《作者傳略》

見前。

答徐總戎

忠毅公文集

明　趙南星

承翰教以推結之厚爲念，僕豈能爲門下重也？僕每見世之爲縉紳者，遇武將不論賢愚，一概輕之，僕每以爲笑。由文字起家者，其上焉者，負卿相之器，功與爲將者等耳；次焉者，華言華服，以媚於世，坐而取富貴；下焉者，行能錄錄，徒爲公家百姓之害。此輩見一虜一倭，便溺輒下，禽鹿而冠者耳；乃欲輕爲將者，何不取漢史觀狄山事也？

如門下者夙有平倭之功，近日在越中，定兵民之變，膽智聞於天下。以門下之爲人，令稍有知者見之，自當識其奇士；僕誠私心壯之。今門下受當事知甚深，卒伍聞高名久，無不聽命，此易爲勳業，宜以赤心報國，一洗近日邊臣欺罔之習。摧破强胡，取通侯斗大之印，僕平所見人，實門下能望此耳，願門下努力

王君允柏談兵甚精，門下不思一推轂乎？

《提　要》

趙南星稱頌徐總戎（名未詳）武功，並力斥碌碌無能之縉紳輩重文輕武之謬見。

《注　釋》

㈠狄山　漢武帝伐匈奴，博士狄山力諫，帝怒，使其乘鄣而守，月餘匈奴斬其頭去。

《作者傳略》

趙南星，字夢白，號儕鶴，又號清都散客，高邑人。萬曆進士，累官至吏部尚書。爲政清嚴，以進賢嫉惡爲事。終以忤魏忠賢削籍戍代州。卒諡忠毅。著有文集及學庸正說、史韻、芳茹園樂府等傳世。

獄中血書

碧血錄

明 楊漣

漣下獄，癡心報主，愚直讎人，久拚七尺，不復挂念；不爲張儉㈠逃亡，亦不爲楊震㈡仰藥，欲以性命歸之朝廷，不圖妻子一環泣耳。打問之時，枉坐贓私，殺人獻媚，五日一比，限限嚴旨。家傾路遠，交絕途窮，身非鐵石，有命而已。雷霆雨露，莫非天恩，仁義一生，死於詔獄，難言不得死所，何憾於天？何怨於人？惟我身副憲臣，曾受顧命。孔子云：「託孤寄命，臨大節而不可奪。」㈢持此一念，終可以見先帝於在天，對二祖十宗與皇天后土天下萬世矣！大笑大笑還大笑，刀砍東風，於我何有哉！

《提　要》

明熹宗時，楊漣爲左副都御史。魏忠賢竊柄，氣燄頗熾，漣劾以二十四大罪。忠賢嫉之，使其黨徐大化劾漣與左光斗黨同伐異，招權納賄，坐贓二萬。遂被逮入獄，嚴刑拷訊，體無完膚，卒於獄。此爲漣在獄中時血書，孤忠義烈，至死不屈之氣節，溢於言表，讀之未有不爲之動容者。

《注　釋》

㈠張儉　字元節，後漢高平人。延熹中，爲東部督郵，嘗劾中常侍侯覽不軌；覽怒，誣以黨事，遁去。

㈡楊震　字伯起，後漢華陰人。延光初，累官至太尉。時乳母王聖及中常侍樊豐等更相扇動，震屢上書切諫，豐等譖之，詔遣歸本郡；行至城西夕陽亭，飲酖死。

㈢託孤句　係曾子語，非孔子所云。論語泰伯：「曾子曰：可以託六尺之孤，可以寄百里之命，臨大節而不可奪也。」

《作者傳略》

楊漣，字文孺，應山人。萬曆進士，累遷兵科右給事中，光宗寢疾，漣以小臣與顧命，擁熹宗即位，力請李選侍移宮，帝稱其忠。乞歸，後起左副都御史，以劾魏忠賢，被誣逮獄死。崇禎初，謚忠烈。

答吳子野

明　陳繼儒

陳眉公全集

某鴛湖(一)授經者三年，非壁觀老僧，則廟見新婦，見客日少，閉門日多。至吳興諸賢豪，則又井底望北斗矣。此中知有子野先生，即如讀吳世家(二)便知有季子(三)。今春孝若修禊之約，不佞以爲刻畫人，未敢即赴；然以此不獲與君子相周旋，大是欠事！

客歲讀扇頭贈詩，味雋情永，不勝纏綿之感。每欲賡和來美，往往困瘧而止。然村謳田鼓，終當以本色勸酬，俟見時面奏耳。病中久闕報謝，謹附子華，以布腹心。臨楮不勝慚悚之至！

《提　要》

陳繼儒答吳子野，先敍渴慕之殷，次述惠詩因病未能即和，表示歉意。

《注　釋》

㊀鴛湖　即鴛鴦湖，在浙江嘉興縣南三里。
㊁吳世家　古記篇名。
㊂季子　即季札。參閱鄭明奏記蕭望之「延陵之皋」注，及劉峻追答劉沼書「懸劍空壠」注。

《作者傳略》

陳繼儒，字仲醇，號眉公，又號麋公，松江華亭人。諸生，隱居東余山，杜門著述。尤善書畫，名重一時。屢奉詔徵用，皆以疾辭。有眉公全集。

寄李九嶷
陳眉公全集

明　陳繼儒

伯承兄至，知尊居有回祿之變，殊爲驚愕！念君實廉吏，而爲人一生拮据，惟此數椽，今忽遭此，天道夢夢矣！雖然，元亮㊀五柳尚存，謝庭玉樹蔚映，猶可娛晚景也。

僕一秋高臥泖橋，未省動定，春間或得請晤。伯承云：「許作先嬾庵記」，此亦藝林佳話；獻歲以此先驅，何如？

《提　要》

陳繼儒慰問李九嶷失火。

《注　釋》

㊀元亮　晉陶潛字。

《作者傳略》

見前。

答劉心統侍御

賴古堂名賢尺牘新鈔

明　高攀龍

天下原是一身，吾輩合并爲公，即天下如一氣吸呼。何謂合并爲公？人人真心爲君民也。爲君民心真，則千萬人無不一，故曰如一氣吸呼。三晉㊀得門下，得保障矣。屬吏最優最劣，切願一聞。此二項不爽，中人當不日而化；知門下心所同然也。

《提　要》

劉心統治三晉，高攀龍勉以對上對下，精誠團結；屬吏政績，尤須考察周詳，使其知所自策。

《注　釋》

㊂三晉　當今山西河南及河北西南部地。春秋時爲晉地，後爲趙、魏、韓三氏分據，各立爲國，故曰三晉。

《作者傳略》

高攀龍，字雲從，一字存之，號景逸，無錫人。萬曆進士。熹宗時累官左都御史。爲魏忠賢所不容。既削籍歸，復矯旨逮問，自投池中死。崇禎初追諡忠憲。攀龍工詩文，清遒沖澹，爲當代大儒，嘗主講東林書院。著有高子遺書、周易易簡說、春秋孔義等行世。

答劉念臺㊀

賴古堂名賢尺牘新鈔

明　高攀龍

杜門謝客，正是此時道理。彼欲殺時，豈杜門所能逃；然即死，是盡道而死，非立巖牆而死也。況吾輩一室之中，自有千秋之業，天假良緣，安得當面錯過？大抵現前道理極平常，不可著一分怕死意思，以害世教；不可著一分不怕死意思，以害世事，想丈於極痛憤時，未之思也。

《提　要》

天啓中，右通政劉念臺以劾魏忠賢，客氏，削籍歸，杜門謝客，意志消極。高攀龍因勗以爲正道而奮鬥到底。

《注　釋》

㈠劉念臺　名宗周，字起東，山陰人。萬曆進士，累官至左都御史。明亡，絕食死。

見前。

《作者傳略》

與聶化南

袁中郎全集

明　袁宏道

丈口碑在民，公論在上，些小觸忤，何足芥蒂？且丈夫各行其志耳。烏紗擲與優人，青袍改爲裙褲，角帶毀爲糞箕；但辨此心，天下事何不可爲？安能俛首低眉，向人覓顏色哉？丈負大有用之姿，具大有爲之才，小小嫌疑，如洪爐上一點雪耳。無爲禍始，無爲福先，無爲名尸！珍重！

《提　要》

袁宏道勸慰聶化南，弗以小挫而頹志，始終奮鬥，不以仕祿爲重。

《作者傳略》

袁宏道，字中郎，公安人。年十六，爲諸生，與兄宗道弟中道並有才名。萬曆二十年，舉進士，選吳縣令，官終勳郎中。宏道所爲詩文，清新明淺，重在抒寫性靈，力矯當時虛僞及擬古之弊，時人目爲「公安派」。有袁中郎全集行世。

與丘長孺 袁中郎全集

明　袁宏道

聞長孺病甚，念念。若長孺死，東南風雅盡矣，能無念耶？

弟作令備極醜態，不可名狀，大約遇上官則奴，候過客則妓，治錢穀則倉老人，諭百姓則保山婆，一日之間，百煖百寒，乍陰乍陽，人間惡趣，令一身嘗盡矣！苦哉！毒哉！

家弟㊀秋間欲過吳，雖過吳，亦只好冷坐衙齋，看詩讀書，不得如往時攜侯子登虎邱山故事也。

近日游興發不？茂苑主人雖無錢可贈客子，然尚有酒可醉，茶可飲，太湖一勺水可游，洞庭一塊石可登，不大落寞也；如何？

《提要》

袁宏道與丘長孺書。全書分四段：㈠問疾；㈡述爲令醜態；㈢敍其弟將來吳；㈣邀長孺遊吳。

《注釋》

㈠家弟　謂袁中道，字小修。

《作者傳略》

見前。

答梅客生

袁中郎全集

明　袁宏道

一春寒甚，西直門外，柳尚無萌蘗㈠。花朝之夕，月甚明，寒風割目，與舍弟閒步東直道上，興不可遏，遂由北安門至藥王廟，觀御河水。時冰皮未解，一望浩白，冷光與月相磨，寒氣酸骨，趨至崇國寺，寂無一人，風鈴之聲，與猧犬相應答。殿上題額及古碑字，了了可讀。樹上寒鵲，拍之不驚；以礫抗之，亦不起，疑其僵也。忽大風吼簷，陰沙四集，擁面疾趨，齒牙澀澀有聲；爲樂未幾，苦已百倍。數日後，又與舍弟一觀滿井，枯條數莖，略無新意。京師之春如此，窮官之興可知也。

冬間閉門，著得廣莊七篇，謹呈教。

《提　要》

與梅客生述在京春遊之荒涼無味，並贈所撰文七篇。

《注　釋》

㈠萌蘗　孟子告子：「非無萌蘗之生焉。」朱熹注：「萌，芽也；蘗，芽之旁出者也。」

《作者傳略》

見前。

與陳眉公㊀隱秀軒文集

明　鍾惺

相見甚有奇緣，似恨其晚。然使前十年相見，恐識力各有未堅透處，心目不能如是之相發也。朋友相見，極是難事。鄙意又以爲不患不相見。患相見之無益耳，——有益矣，豈猶恨其晚哉！

《提　要》

鍾惺喜與陳眉公相識，雖相見晚，不以爲恨。

《注　釋》

㊀陳眉公　即陳繼儒。詳見陳繼儒答吳子野作者傳略。

《作者傳略》

鍾惺，字伯敬，竟陵人。萬曆進士，官至福建提學僉事，以父憂歸。爲人嚴冷，不與俗流爲伍，愛名山水，所至必遊。晚逃於禪以卒。惺說詩以幽深孤峭爲鵠，時人稱爲「竟陵派」。著有隱秀軒文集、周文歸、宋文歸、毛詩解等多種。

與高景逸總憲（燼餘集）

明　周順昌

朝事至此，真漢唐宋未有之黨禍也。吾輩一身不足計，惟目覩六君子㊀之慘毒，直使人肝腸摧裂，不復有處世之想，可奈何！可奈何！然畢竟成就一小人之愚耳。不肖杜戶息交，近爲先人營葬，山行居多，夢寐清光，恨不能縮地一吐其憤鬱。忽得台札，更從仲通華兄備悉近況，甚慰鄙念。此兄骨膽氣誼，迥超時俗，佳士！佳士！但其加意過厚，當之者不深愧耶。草勒布衷，百不一盡。

《提　要》

明代末葉，楊漣等六人爲魏忠賢所陷，死於獄中，舉國上下莫不痛憤。時周順昌乞假在野，故與高景逸書言其事。

《注　釋》

㊀六君子　即楊漣、左光斗、魏大中、周朝瑞、袁化中、顧大章六人。

《作者傳略》

周順昌，字景文，號蓼洲，吳縣人。萬曆進士，歷官至吏部文選司郎中，署選事以有清操名於世。未幾，乞假歸。因忤魏忠賢，被逮，殺之於獄。崇禎初，追謚忠介。順昌著作頗多，被逮時爲友人投火滅迹，後經其子茂蘭孫靖多方搜錄，編成忠介燼餘集三卷行於世。

寄黃石齋㊀景文遺集

明　范景文

翁兄去後，時事不可言矣。今日既非前日，恐明年又非復今年。此堂非燕雀可處，急欲圖歸，奈滿朝皆互鄉人，主上孤立無依，不忍恝然去國。明知伴食無補，然恐一旦有事，求一伴食者亦不可得耳；言之潸然！

《提　要》

崇禎間國事日非，朝臣各懷私意，無忠君報國之志，時范景文雖爲近侍重臣，亦深惑環境之惡劣，然以帝故，未忍遽離。閱此書，已可見其苦心。

《注　釋》

㊀黃石齋　名道周。詳見在徽州寄家書作者傳略。

《作者傳略》

范景文，字夢章（一作夢叔），一字質公，號思仁，吳縣人。萬曆進士，天啓間爲文選郎中，不阿附魏忠賢，亦不親東林。旋謝病去。崇禎間起用，累遷工部尚書兼東閣大學士，入參機務。京城陷投井死。謚文貞。著有文集與大臣譜行世。

復曾叔祈

賴古堂名賢尺牘新鈔

明　曾異撰

前者手教之及，某適薄游梅溪，歸而讀之，作數日喜。時方小春，梅使未發，與以報章遲之。頃者又接來翰，不知何日得與叔祈西窗剪燭，盡其所懷。每歎腐史，於張子房敍其博浪之豪爽，圯下之溫文，與夫，辟穀仙游之霞舉㊀，其贊之不容口。至想像於其狀貌，不知史遷㊁此際如何想慕。遷之生後於子房，所云狀貌，亦不過得於傳聞，伊人宛在，暗中摸索。愚謂此中大有回味：乃不佞於叔祈無論生同時，又爲一家之人，今手札之往來者三，乃吾竟不知叔祈作何狀，彼此懷抱中，各有一我家某某，明明於心目之前，但須一相見，各出一意中所懸想暗索之人，印而合之；想明秋把臂時，當亦啞然一笑也。

《提　要》

曾異撰與叔祈未相識前已有交誼，異撰此書，以司馬遷描摹張良之狀貌作引，描寫彼此想像之情緒，辭旨新穎，尤饒風趣。

《注　釋》

㈠張子房三句　詳見史記張良傳。

㈡史遷　即司馬遷。參閱與摯峻書作者傳略。

《作者傳略》

曾異撰，字弗人，晉江人。少孤，事母至孝。家貧，娶妻不能具床。性介甚，長吏知其賢，欲爲之地，辭不受。崇禎十二年舉於鄉，再赴試還，遂卒。有紡授堂集。

問余希之足疾

賴古堂名賢尺牘新鈔

明　曾異撰

兄近來足疾，知未脫然，頗疑兄不能愼疾。我輩少年時，耗費精氣，無異破家蕩子；中年得病，此債主持帳簿登門時也。但能忍節嗜慾，稍償一二，彼亦有時而去。然宿負未完，一二月後，不能不再來問我。使著實省嗇積聚，逋欠塡滿，一去遂不復來矣。兄之足，弟之肺，殊爲同病。留此一雙腳，他日小則拜跪上官，胼胝民事，大則跨馬據鞍，馳驅天下，極爲要用物事，不可不善養之也。

《提　要》

曾異撰問余希之足疾，冀其善自療養。破家蕩子之喻，切當可喜，堪爲善耗精氣之青年輩作借鏡。

《作者傳略》

見前。

與豫撫某書（忠肅集）

明　盧象昇

戎馬倥傯之場，屢荷足下訓誨指提，五內不勝衡戢，駑駘下質，負乘多端，流寇㊀一事，苦無結局之期，而足下乃以實心任事，謬加獎借，某汗且淫淫下矣。

畿南晉豫，會勦之局雖同，而籌兵之局各異，晉不必論矣。豫不患兵少，患兵多；更患將兵之人多；尤患將將之人多，如足下所謂聚訟者是也。若畿南則不然，事權未始不一，兵力亦可支持，獨是上焉者咸不能克愛，而下焉者力不能從心。今南北之賊，爲重兵所軀。俱聚於遼順樂平諸處，邢河一帶，到處可憂。某止率標下步騎千餘，身探虎穴。台翰到日，正在啓行，匆冗萬一，一切情形，不能縷悉。所拜雙幣，真不啻解衣衣我；如此至愛，何敢不承！但鐵馬金戈中，弗遑莊洳，尤望知我之鑑耳。

《提　要》

明崇禎五年，流賊張獻忠寇山西，次年，迭犯畿南河北及湖廣一帶，情勢危急，國難日重。盧象昇爲其時名將，率師擊賊，屢建奇功。惜各處將士，多不一致，常致失事。是書所論，正此事也。

《注　釋》

㈠流寇　謂張獻忠。

《作者傳略》

盧象昇，字建斗，宜興人。天啓進士。精將略，善治軍。初爲按察使，以破張獻忠功，累進兵部侍郎。後又迭破李自成，威名遠震。清師入關，象昇迎禦，礮盡矢窮，奮鬥而死。福王時追謚忠烈，清謚忠肅。著有忠肅集三卷。

寄訓室人〈忠肅集〉

明　盧象昇

余爲官一十三年，歷部郎郡守監司，以及治隕㊀撫楚，日惟國事蒼生爲念，不敢私其妻子，未嘗有負軍民；室鮮治容，家無長物。今任討賊，艱苦萬端。成敗利鈍付之天，毀譽是非聽之人，頂踵㊁髮膚歸之君父。惟願作吾匹者，體吾心，以媳代子，篤其婦規；以母代父，敦其家訓；務使兩親娛於堂，四稺習於學，吾願足矣，他何計焉？時大寇西遁，督旅入關，寄此相勉。

《提　要》

盧象昇以身許國，無暇治家，軍次倥傯，遺書以勉其妻。

《注　釋》

㈠鄖　即鄖陽府，故治即今湖北鄖縣。盧象昇嘗以右僉都御史撫治鄖陽。
㈡頂踵　自頭至足也。

《作者傳略》

見前。

寄訓子弟（忠肅集）

明　盧象昇

古人仕學兼資，吾獨馳騁軍旅。君恩既重，臣誼安辭？委七尺於行間㈠，違二親之定省，掃蕩廓清未效，艱危困苦備嘗，此於忠孝何居也！願吾子弟思其父兄，勿事交游，勿圖溫飽，勿干戈而俎豆，勿弧矢而鼎彝！名須立而戒浮，志欲高而無妄。殖貨矜愚，乃怨尤之咎府；酣歌恒舞，斯造物之僇民。庭以內悃愊無華，門以外卑謙自牧，非惟可久，抑且省愆。凡吾子弟，其佩老生之常談；惟我一生。自聽彼蒼之禍福。

《提　要》

盧象昇訓勉子弟。

《注　釋》

㈠行間　謂軍旅行伍間。

《作者傳略》

見前。

與某書

史忠正集

明 史可法

河上人有鏤冰者，費精神，忍寒凍，究竟無益於事，而意外之釁發栗冽㊀沓至，旁觀者徒歎恤其苦惱耳。法今日何異於是？荷諸老先生之恤念深至矣。高興平㊁遇害，已出意想；靖南㊂復稱兵維揚，尤匪夷所思；內變如斯，外禍益不可支矣。老先生何以策我也？

趙丞彭令，爲時無幾，徽解多金，愛惠鼓舞，定有妙用，當爲具疏表章。知諸老先生翊佑斯民，亦復無量也。何職方真才真品，耐苦耐勞，今日弘濟艱難，正是同心之助，不知主爵者何見，麾出遐方？已爲特疏題留矣，倉卒勒復。無任主臣！

《提　要》

明末，清兵入關，福王立於南京。拜史可法爲兵部尚書，力圖恢復。此書可法未詳寄與何人，所述咸爲軍政雜事。

《注　釋》

㈠觱發栗冽　詩豳風七月：「一之日觱發，二之日栗烈。」觱發，風寒也；栗烈，氣寒也。烈與冽通。
㈡高興平　名傑，明末四鎮之一。福王時封興平伯，後爲許定國所誘殺。
㈢靖南　即黃得功，亦爲四鎮之一。崇禎中以討流賊功，封靖南伯。

《作者傳略》

史可法，字憲之，一字道鄰，祥符人。崇禎進士。福王立，以兵部尚書大學士督師揚州，抗拒清兵。旋以兵弱城破，自刎不死，被清兵所執，不屈死。清乾隆中，追謚忠正。有史忠正集。

致副總馬元度

史忠正集

明　史可法

不佞閱人頗多，求將甚切，而忠義性生，膽智俱足，如大將軍者，無一焉！平日企慕之殷，有如飢渴。無奈徐㊀障江淮，較皖尤重；又虞當事夙倚，以此開嫌，幾欲別有借重，而躊躇未果。聞揆樞夾袋，久已首推，不佞惟順風一呼，以快師壇之早建而已。衝邊戰將，出於麾下者甚多，此時有置之散閑未展大用者，不問官職崇卑，乞大將軍撥冗指示，求以共濟時艱，所甚快也。今日兗㊁報何如？附求賜教。

《提　要》

福王時，馬元度守徐州，史可法遺書致企慕之忱，及不能即時升調之意，並冀其開示舊屬將士姓名，以便分別錄用，共濟時艱。

《注　釋》

㈠徐　徐州，舊治在今江蘇銅山縣。

㈡兗　兗州，舊治在今山東滋陽縣。

《作者傳略》

見前。

答孫子嗇

藏弁集

明 馬世奇

莫輕視此身，三才在此六尺；莫輕視此生，千古在此一日。有志之士，當自求入火不焦，入水不濡之道，得大安穩，乃為勝義；而欲世界之不水不火，不可望矣。

《提　要》

明崇禎末，國難嚴重，士之庸懦者，率隱而不出。此書係馬世奇激勵孫子嗇奮臂而起，共圖救國救己之策，勿謂天下之治，可坐候而得也。

《作者傳略》

馬世奇，字君常，無錫人。崇禎進士，官至左庶子。京都陷，不肯事賊，自縊死。謚文忠。世奇砥礪名行，好推引後進，不妄取與，時人重之。

答小宅生順

朱舜水全集（日本本）

明 朱之瑜

嘗聞不盲不聾，做不得阿家翁㈠。然事有可以盲聾者，有必不可盲聾者。以必不可盲聾之事而處必不得不盲聾之勢，將奈之何？以理責弟者曰：「汝無目無耳耶！」弟將何辭？然一人之目而羣障之，一人之耳而羣掩之，又將奈此耳目何哉？弟之此情，無可告訴，惟恃台兄愛我，而又以語言不通，孤立之人，誠非易矣！或亦德薄所致邪！

《提要》

明末，朱之瑜力謀恢復，數乞師於日本，未就，遂不欲歸國，蟄居日本。其國士大夫，重其氣節與學識，多賓禮之。小宅生順亦爲之瑜知友，故之瑜貽書訴說有志不遂之隱衷。

《注　釋》

㈠不盲不聾二句　本自通鑑唐紀：「不癡不聾，不爲家翁。」

《作者傳略》

朱之瑜，字魯嶼，號舜水，餘姚人。諸生，博學有氣節，明末數奉徵辟，皆不就。清兵陷南都，依黃斌卿於舟山，數乞師於日本，均不果，遂卒於日本。之瑜精研六經，學無不通，日本朝野之士，多師事之，有裨於該國學術不尠。日本學者私諡文恭先生，並爲之輯成文集二十八卷。

與三好安宅

朱舜水全集（日本本）

明　朱之瑜

奉上粗布綿衣二件，聊以禦寒而已。以足下狷潔，不敢以細帛污清節也。諸面談，不一。

《提　要》

贈三好安宅（日本人）綿衣。

《作者傳略》

見前。

與吳來之

賴古堂名賢尺牘新鈔

明 卓人月

盈盈一水，相隔不遙，而以所居僻陋，鴻便甚希，久不獲布一語於左右。然弟生平廓落迂疎，當其不言，胸中未嘗有不可言之言；及其既同而言，亦無以加於未有言之初；此雖與吾兄交甚淺，而亦於有以知其深耳。

《提　要》

卓人月與吳來之簡，述疏候之由，及不以此損交誼。

《作者傳略》

卓人月，字珂月，仁和人。貢生。事跡無考。工詞曲，有寤歌詞十二卷，及花舫緣雜劇一本；又著詞統、蟾台、蕊淵等集行世。

在徽州寄家書

石齋集

明　黃道周

三朝㊀顚覆矣，事宏光㊁而宏光蒙塵，奉潞藩㊂而潞藩銜璧，棲遲此身，即老死牖下，有何顏面！生平恥爲一節之士，從此遂志，亦無所恨，但恐爲曾閔㊃所笑耳。爲子當孝，爲臣當忠，無所愧而已。

廿五日至初三日發婺源，初六日至新安。欲往金陵，當在五六月間。此行洪亨九㊄決不可與相見，即見亦無全理。夷、齊、巢、許㊅之間，吾知所處矣。

《提　要》

明末，唐王命黃道周率師至婺源拒清兵，戰敗被執，送江寧獄。此書，係被執後從徽州所發。

《注　釋》

㈠三朝　謂明崇禎、福王、與唐王三朝。

㈡宏　即明福王，明末立於南京，後爲清兵所執，死於北方。

㈢潞藩　即明神宗姪，襲封潞王，後降清。

㈣曾閔　謂孔子弟子曾參與閔子騫，俱有孝行。

㈤洪亨九　名承疇，本爲明將，兵敗降清。時經略駐江寧。

㈥夷齊巢許　見吳蒼遺矯仲彥書注。

《作者傳略》

黃道周，字幼平（一作幼玄），號石齋，漳浦人。天啓進士，崇禎中，官右中允。福王時，拜禮部尚書。南都覆，唐王以爲武英殿大學士。率師至婺源，與清兵遇，兵敗，被繫江寧獄，不屈死。著作頗富，有易象正義、洪範明義、續離騷及石齋集等書。

答趙廷臣㈠書 水槎集

明 張煌言

台翰儼頒，殊深內訟，豈僕一切愚忠，尚未足取信於天下耶？台下清朝佐命，僕則明室孤臣，時地不同，志趣亦異。功名富貴，早等之浮雲；成敗利鈍，且聽之天命。寧為文文山㈡，不為許仲平㈢；若為劉處士，何不為陸丞相㈣乎？倘云桑梓塗炭，實為僕未解兵，僕亦何難斂師而去，但未知台下終能保障否乎？區區之誠，言盡於此。間使說詞，請從此絕。

《提　要》

明末南京之敗，張煌言與同郡錢肅樂等倡義奉魯王監師，屢抗清師，清將趙廷臣遺書勸降，煌言覆書峻拒之。

《注　釋》

㈠趙廷臣　清漢軍鑲黃旗人，官至閩浙總督，加太子少保，

㈡文文山　即宋文天祥。

㈢許仲平　即元許衡，本金人，後仕元。

㈣劉處士　未詳。

㈤陸丞相　即陸秀夫。宋末，衛王以秀夫爲左丞相，駐軍厓山。後厓山爲元軍所破，秀夫負王赴海而死。

《作者傳略》

張煌言，字元著，號蒼水鄞人。崇禎舉人。明末倡義軍奉魯王監國，以僉都御史監張名振軍，屢抗清師。舟山破，魯王入閩依鄭成功，煌言勸成功出師取南京。後成功敗，魯王亦卒，煌言知無可挽回，散兵隱居，旋爲清將趙廷臣所擒，不屈死。有水槎集、北征錄、奇零草、採薇吟。

與同年

賴古堂名賢尺牘新鈔

明　李陳玉

歷觀古來成大功，享盛名者，皆非有口之士，其有口者，十九皆凶敗之人。夫發言無序，坐起屢更眨眼戟眉，揚袂動足，躁競人也。舌帶譏刺，目視左右，用諢爲正，以笑寓嗔，險刻人也。枝生蔓引，微切冷挑，乍細乍亮，其聲不一，深心人也。躁競者可以理解，深心者可以情通，惟險刻者止可默敵，無以語勝。何也?彼其溜視左右者，以譏刺爲能博鄉曲之譽也，小人之常態，里婦之鄙行也。若往而與角勝，適爲所借矣。

《提　要》

李陳玉，與同年論人品。所舉躁競、深心、險刻三類，刻畫入微，足爲青年擇友之寶鑑。

《作者傳略》

李陳玉，字石守，一字玉郎，吉水人。生平事略未詳。有退思堂集。

答錢彥林

賴古堂名賢尺牘新鈔

明 唐 時

弟日來與湖廣李愚公談文：霸王㊀力拔山兮氣蓋世，手用大刀，渾身俱在兩手，況能分其孰爲左手孰爲右手哉，然彼時霸王皮肉之中，肝經血氣，必不混行於腎，肺經血氣，必不混行於脾，雖周流貫串，而脈絡當自井然。吾鄉之文，脈絡井然，而患無拔山之力；楚中之文，有拔山之力，而脈絡患其不井。弟觀尊義，出乎我鄉之類，拔乎三楚之萃，大抵具拔山之力，而於井然之地，不無少忽；又或者恃彥林之才情，以欺聖賢；又或者恃彥林之才情，以欺彥林。彥林以骨肉待我，弟不敢路人自待也。

《提 要》

唐時評錢彥林文，謂其雖具雄厚之魄力，而布局稍嫌不整。

《注釋》

㈠霸王　謂項羽。

《作者傳略》

唐時，字宜之，烏程人。生平事略未詳。有中馭乘選集。

與徐穆公

賴古堂名賢尺牘新鈔

明　唐　時

西湖之妙，余能知之；而西湖之病，余亦能知之。昔人以西湖比西子；人皆知其爲譽西子也。而西湖之病，則寓乎其間乎？可見古人比類之工，寓諷之隱；不言西湖無有丈夫氣，但借其聲稱以譽天下之殊色，而人自不察耳。不獨此也：即天半峨嵋，昔人以爲譽此山者，無以加焉。由今思之，隱然有引之以入於婦人之數，而不許其獨爲丈夫者，穆公其能首肯焉否也？

《提　要》

唐時論前人之所以以西湖比西子，謂其柔艷而無雄奇之態，深寓爲人須有丈夫氣，不可效婦女柔媚習態之意。峨嵋讚峨嵋，故云引以入婦人之數。

《作者傳略》

見前。

與友（一）

賴古堂名賢尺牘新鈔

明　陳龍正

上古之人我相輕，肯聽人言大本明。能取人善，日久自然日進。今人習氣深重，既不能辨擇是非，又胸中踞定一我相，任他人美意良箴，未肯降心悅服。惟是讀古人書，原來我種種病痛，皆已攙前道破；種種醫方，又說得現現成成。古人非指摘我，譬如懸設律令，我自犯條；古人又不在面前，雖有偏心勝氣，何處惹動？於是愧汗歡喜，一時並集，不覺釋回而增美矣。故不服善者，尤賴讀書。

《提　要》

陳龍正規友，多讀書足以養成樂取人善之美德。

《作者傳略》

陳龍正，字惕龍，嘉善人。生平未詳。有幾亭合集。

與友(二)

賴古堂名賢尺牘新鈔

明 陳龍正

成人之美，非獨益此一人，因以受益者若而人；成人之惡，非獨害此一人，因以蒙害者若而人。君子小人以身之餘善餘惡及人，可見也。其所成之人，又以其餘善餘惡及人，不可勝測也。餘善餘惡不可測，故餘慶餘殃不可窮；知此意，何忍不勸人爲善？何敢陷人於惡？

《提要》

與友論「勸人爲善」與「陷人於惡」之利害。

《作者傳略》

見前。

與友人 藏弃集

明 金 鉉

天之生人，不許其生一事，蓋聲色貨利，皆非性中所得而有也；又不許其避一事，蓋天下國家，皆非性中所得而外也，——今人皆反之，兄謂如何？

《提　要》

與友慨論國人之惟聲色貨利是趨，而置國難於腦後，殊違造物生人之道。

《作者傳略》

金鉉，字伯玉，順天人（一作武進人）。崇禎進士，累官兵部主事。京師陷，知帝已崩，投金水河死。福王時，謚忠節。

與吳介茲藏弃集

明　段一潔

野梨酸澀類枳，斷桃根接之，稍可啖；再接之，三接之，甘脆遠過哀梨㈠；可見人不可不相與好人也。

《提　要》

交益友，足以成己之善。此書以梨爲引證，至爲確當。

《注　釋》

㈠哀梨　相傳秣陵哀仲家，梨甚美，大如斗，入口消釋（見世說新語注），故後人稱梨之美者曰哀梨。

《作者傳略》

段一潔，字玉鑑，長垣人，家於祥符。生平未詳。

與倪鴻寶

賴古堂名賢尺牘新鈔

明 劉廷諫

我輩兄弟，以神相往者且十年；而乃一聞問也，語不盡於赫褫之餘，意乃藏於應酬之表，針鋒共逗，水乳爲緣，此古人論交之第一佳話。

佳什稱許過情，且感且愧，殆不覺顙汗涔涔若雨也。里有放婦㈠，齲齒而笑，蓬首而搔，而朱之粉之衣之被之者曰：「吾以憐昔日之好也。」愛而忘其醜，一至此哉！年丈之於弟將無同。

《提　要》

倪鴻寶與劉廷諫神交久，爲文稱譽之，廷諫報書謙謝。

《注　釋》

㈠放婦　不知檢束之婦人也。

《作者傳略》

劉廷諫，字咸仲，通州人。生平未詳。有雪庵集。

與王季豹

賴古堂名賢尺牘新鈔

明　嚴首昇

人有不爲而後可有爲。歷數古今，斷未有靡事不爲，得成一事；亦未有無人不交，能得一人之力者。弟自分才疎意廣，病正坐此等——以自砭，因爲仁兄砭矣。

《提　要》

不做，則事無成；不交，則難得人助。做與交，實成功之要道，此嚴首昇所以自勉而勉王季豹也。

《作者傳略》

嚴首昇，字平子，華容人，生平未詳。有瀨園文集。

【清】

與周減齋

賴古堂名賢尺牘新鈔

清 王猷定

風雅之在今日，危於一線。先生以苦心績學，上溯有唐，暨漢、魏、屈、宋㊀，又進而三百篇，窮源星宿，書篋几杖外，殷然留金石聲。若寡昧如定，束髮有志，白首紛如，連年貧病交纏，心血枯耗；且每對古人，益不敢輕下一筆；自悟三十年讀書，方悟「慚愧」二字。

承示大業，鏗然鍾呂，而欲以糠粃爲導可乎？適由家問至，骨肉死喪，慘傷肝脾，而又不敢重違大君子之命，勉作數語，著穢佛頭，惶悚甚矣！

《提　要》

周減齋索序文於王猷定，猷定應之，附以短書。

《注　釋》

㊀屈宋　謂屈原與宋玉。

《作者傳略》

王猷定，字于一，號畛石，南昌人。明拔貢生。史可法聞其賢，徵爲記室。入清，絕意人世，日以詩文自娛。亦工行書楷法，名重一時。著有四照堂集。

與致虛妹丈

藏弆集

清　高爾儼

昨宵樂甚，碧天一色，澄徹如畫；又松竹影交加，翠影被面，月光落酒杯中，波動影搖。吹洞簫數闋，清和婉妙，聽之怡然，響絕餘音猶繞耳間不退。出戶一望，空曠無際。大醉後筆墨撩亂，已不復記憶。今晨於袖中得紙幅，出而視之，則所謂筆墨撩亂者也，然亦殊可愛，以爲有駘蕩之趣，把筆效之，不能及已。因即以昨日所就者請正。

《提要》

高爾儼與妹丈致虛追述月夜讌飲雅趣，並附酒後作品求正。

《作者傳略》

高爾儼，字岱輿，靜海人，明崇禎進士，授編修。入清，授祕書院侍講學士，累遷太子太保，補弘文院大學士。卒謚文端。著有古處堂集四卷。

與倪涵谷孝廉〈笠翁文集〉

清　李　漁

日來西客罕至，騾貴如麟。昨晚始到數騎，增價僱就，廿三日果於行矣。弟入都半載，塵垢滿身，未經一浴，無其具也。北人都不辦此，且謂多浴耗神；不審此地諸公得此養生妙訣，果能與彭籛㊀比算否？老年翁以南人居北，必能辟此迂風，如其有具，幸爲一假！磁盆寓中儘有，但恐浴至好處，忽然瓦解，喫驚致病，則耗神之說驗矣，將爲北地諸公所笑，故必求其木者。

《提　要》

李漁向倪涵谷借木製澡盆。

《注釋》

㈠彭籛　即彭祖，相傳爲上古陸終氏子，壽七百餘歲。

《作者傳略》

李漁：字笠翁，號覺世稗官，蘭溪人。少年時遊歷四方，交接名士。晚年遷居杭州之西湖旁，有才子之譽。世稱李十郎。善寫通俗文學，所著有一家言全集，及戲曲十九種，小說六種。

與施匪莪司城　笠翁文集

清　李漁

一詩一聯，敬踐前諾，雖諸冗紛集，筆凍指僵，不敢爲知己惜餘力也。先生旗鼓詞壇，四十餘載，名人贈句，多至汗牛，何有於瑣尾之夫，戔戔之語，而見索如是之力？非謬許之甚，能若是乎？詞荒意質，殊不足存，但取其一字不膚，移贈他人不得，或可免於覆瓿耳。貧極不能辨縑素，是爲可愧。然以此等之人，此等之詩，不書錦軸而題薄蹏㈠，亦正可謂人地相宜耳。

《提　要》

李漁應施匪峩之索，以所撰詩、聯寄呈，踐其前諾。全書所敍，盡謙詞也。

《注　釋》

㈠薄蹏　薄小紙也。

《作者傳略》

見前。

與友人辭往教書

亭林遺書

清　顧炎武

羈旅之人，疾病顛連，而託跡於所知，雖主人相愛，時有蔬萊之供，而饔飧一切自給；在我無怍，於彼爲厚，此人事之常也。若欲往三四十里之外，而赴張兄之請，則事體迥然不同。必如執事所云：「有實心向學之士，多則數人，少則三四人，立爲課程，兩日三日一會。」質疑問難，冀得造就成材，以續斯文之統，即不能盡依白鹿㊀之規，而其遺意須存一二。恐其未必辦此，則徒餔啜也，豈君子之所爲哉？一身去就，係四方觀瞻，不可不慎。廣文孫君，與弟有舊，同張兄來此，劇論半日，當亦知弟爲硜硜碼碼之人也。

《提　要》

顧炎武卜居華陰，諸生力請講學。炎武以其時之講學授徒者，咸以樹徒立幟爲心，其教不肅，故恥於應命，作書謝之。

《注　釋》

㊀白鹿　即白鹿書院，在江西星子縣北廬山五老峯下白鹿洞，宋朱熹嘗講學於此。

《作者傳略》

顧炎武，字寧人，號亭林，崑山人。年十四，爲諸生。耿介絕俗。見明末多故，棄舉業，研究經世之學。魯王時，與歸莊共起兵，官兵部職方郎中。入清不仕，周遊四方，最後至華陰，因定居焉。康熙中，詔舉博學鴻詞科。次年修明史，大臣爭荐之，並力辭不就。卒以布衣終。其學以朱子爲主，而長於考證。著述甚多，今有亭林遺書盛傳於世。

與人書㈠

亭林遺書

清　顧炎武

嘗謂今人纂輯之書，正如今人之鑄錢。古人采銅於山，今人則買舊錢，名之曰廢銅，以充鑄而已。所鑄之錢，既已粗惡，而又將古人傳世之寶，舂剉碎散，不存於後，豈不兩失之乎？

承問日知錄又成幾卷，蓋期之以廢銅。而某自別來一載，早夜誦讀，反復尋究，僅得十餘條；然庶幾采山之銅也。

《提　要》

顧炎武與友慨論時人纂著之疏略，不知努力創作，專以割裂前人之著述爲能事；並自述編撰日知錄之精審。

《作者傳略》

見前。

與人書(二) 亭林遺書

清 顧炎武

每接高談，無非方人之論。子曰：「三人行，必有我師焉，擇其善者而從之，其不善者而改之。」㈠執事之意，其在於斯乎？然而子貢方人，子曰：「賜也賢乎哉！夫我則不暇。」㈡是則聖門之所孳孳以求者，不徒在於知人也。論語二十篇，惟公冶長一篇多論古今人物，而終之曰：「已矣乎！吾未見能見其過而内自訟㈢者也。」又曰：「十室之邑，必有忠信如某者焉，不如某之好學也。」是則論人物者，所以爲内自訟之地，而非好學之深，則不能見己之過，雖欲改不善以遷於善，而其道無從也。記此二章於末，其用意當亦有在，願與執事詳之！

《提　要》

規友勿好作品評人物之論，務力學以自省，擇善者而從，不善者而改，是爲進德修業之要道。

《注　釋》

㊀三人行四句　見論語述而篇。

㊁賜也二句　見論語憲問篇。賜即子貢。

㊂內自訟　謂口不言而心自咎也。

《作者傳略》

見前。

與孫豹人〈藏弆集〉

清　雷士俊

粧奩過盛，或仁兄愛子情須如此，而律以往來之禮，不應獨厚如此也，驚愧兼至。此後一切饗壻省女諸事，乞痛爲節約；緣我輩納身窮途，作事不可不量力；而道已在是。與其畏見笑於鄉人，不若求免譏於賢者也。季才酸言，卻亦至當，仁兄終不聽從邪？

《提　要》

雷士俊規勸孫豹人嫁女儀節，應自量其力，力事節約；勿尚虛榮，爲賢者所譏。

《作者傳略》

雷士俊，字伯籲，涇陽人，家於江都。幼補諸生，後棄去，專攻經史百家。康熙中卒。有艾陵集。

與家伯長文昌

賴古堂名賢尺牘新鈔

清　金人瑞

詩非異物，只是人人心頭舌尖所萬不獲已，必欲說出之一句說話耳。儒者則又以生平爛熟之萬卷，因而與之裁成文章，潤之成文者也。夫詩之有章有文也，此固儒者之所矜爲獨能也。若其原本，不過只是人人心頭舌尖萬不獲已，必欲說出之一句說話，則固非儒者之所得矜爲獨能也。承示新作，便欲入許用晦㊀之室矣。

《提　要》

金人瑞作詩，主能盡吐胸中之所欲吐，抒寫真率，不必爲格律所拘。是書即持此說以贊文昌之新作。

《注　釋》

㊀許用晦　名渾，唐丹陽人。太和進士，累官監察御史。工詩，格調豪麗，有丁卯集。

《作者傳略》

金人瑞，一名喟，號聖嘆，本姓張，名采，長洲人。少倜儻不羣。爲文怪誕，好評解稗官詞曲，其作品頗爲世俗傳誦。清初以抗糧哭廟案，與薛爾張、倪用賓等同被誅，家產籍沒入官，妻子均遣戍邊。人瑞評解之書，如水滸傳、西廂記，均附有聖嘆外書；及評唐才子詩及左傳（今本三國志演義亦有聖嘆外書，惟出僞託）。自著詩文，有貫華堂集。

答黃九烟

尤西堂文集

清　尤　侗

辱贈扇頭十絕，首云：「今朝喜得見尤侗」，見者無不怪之。僕解之曰：「白也詩無敵」，杜甫詩也；「飯顆山頭逢杜甫」，李白詩也；下此則「不及汪倫送我情」，「舊人惟有何戡在」，無不呼名者，又何怪也？不特此也，人苟知己，則行之可，字之可，名之亦可；即呼之爲牛，呼之爲馬，亦無不可。苟非知己，則稱之爲先生，直叱之爲老奴耳；尊之爲大人，猶罵之爲小子耳。至於不敢說可，不敢說非，常不敢說，則其人爲何如人哉？白之名甫，甫之名白。先生之名侗，一也。誠恐先生借僕名押韻耳；苟僕而可名，僕不朽矣。

《提　要》

尤侗答黃九烟以其所贈詩中直稱其名，足證彼此交誼之深。

《作者傳略》

尤侗，字同人，一字展成，號悔庵，晚號艮齋，又號西堂老人，長洲人。弱冠補諸生，才名籍甚。康熙中，中博學鴻詞科，授翰林院檢討，分修明史。居三年，告歸。尤侗所有詩文，才既富贍，復多新警之思，當流傳禁中，世祖目之爲真才子；及入翰林，世祖稱爲老名士。著述頗富，有全集五十卷，餘集七十卷，及鶴棲堂集十卷。亦工曲，著有鈞天樂多種，並行於世。

答宋荔裳㈠

尤西堂文集

清 尤侗

接來札，知連夕虎邱之游甚樂，又欲唱和長調，以紀其勝。僕謂今日虎邱，變作生祠便覽；至中秋左右，則大似北方人作集，酒米魚肉油鹽醬醋，無所不有，不但無一乾淨地，並無一乾淨人矣。袁中郎謂：「烏紗之橫，皁隸之俗。」

今日游人比烏紗皁隸橫俗十倍；先生乃欲和其光，同其塵耶？十三之夕，扁舟一過，「千人石」上，肩摩踵擊，而僕視之寂若無人，遂興盡而返，因賦水調歌頭云：「休待玉簫徹，我欲臥漁船。」此實錄也，聊以發笑。

《提　要》

宋琬嘗爲蕪湖關監督，想嘗以達官作虎邱之游，故尤侗以此書戲之。

《注　釋》

㈠宋荔裳　名琬，字玉叔，萊陽人。工詩文，登順治進士。

《作者傳略》

見前。

答孫生書

（壯悔堂文集）

清 侯方域

域附白，孫生足下：比見文二首，益復奇宕有英氣，甚喜！亦數欲有言以答足下之意，而自審無所得，又甚愧！

僕嘗聞馬有振鬣長呼，而萬馬皆瘖者，其駿邁之氣空之也。雖然，有天機焉，若滅若沒，放之不知其千里，息焉則止於閑；非是則踢之齧之且泛駕矣。吾寧知泛駕焉之果愈於凡羣者耶！此昔人之善言馬，有不止於馬者。僕以爲文亦宜然。文之所貴者氣也，然必以神樸而思潔者御之，斯無浮漫鹵莽之失。此非多讀書，未易見也；即讀書而矜且負，亦不能見。倘識者所謂道力者邪？惟道爲有力，足下勉矣。足下方年少有餘於力，而虛名無所得如僕，猶不憚數問，豈矜與負者哉！然則以其求之於僕者，而益誠求之於古人，無患乎文之不日進也。嗚呼！果年少有餘於力，而又心不自滿，以誠求之，其可爲者，將獨文乎哉？足下殆自此遠矣。

《提　要》

侯方域與孫生論作文貴有氣。氣之養成，全在年少時多讀書，不恥下問；推而論至立身之道，亦無不然。

《作者傳略》

侯方域，字朝宗，商邱人。性豪邁，多大略。明末隨父至京師，與方以智、冒襄、陳貞慧齊名，時人稱爲四公子。清順治八年，中式副榜。十一年卒。著有壯悔堂文集。及四憶堂詩集行世。

與蔣虎臣

賴古堂名賢尺牘新鈔

清 施閏章

夫詩以自然爲至，以深造有功。才智之士，鏤心劌腎，鑽奇鑿詭，矜詡高遠，鏟削元氣，其病在艱澀。若藉口渾淪，脫手成篇，因陳襲故，如官庖市販，咄嗟輻輳，而不能驚魂駭目，深入人肺腸，寢就淺陋，其病反在艱澀下。

《提　要》

施閏章與蔣虎臣論詩，以自然爲主，過分雕琢，則患艱澀；因陳襲故，脫手成篇，則淺陋無味；故爲詩當以深造爲功。

《作者傳略》

施閏章，字尚白，宣城人，順治進士，授刑部主事。歷授湖西道參議。康熙中召試鴻博，授侍講，纂修明史，進侍讀。閏章善古文辭，尤工於詩，與同邑高詠善，據東南詞壇者數十年，號「宣城體」。著有學餘堂詩文集、矩齋雜記、𤅣齋詩話等多種。

己巳九月書授攽

船山遺書

清 王夫之

汝兄弟二人，正如我兩足，雖左右異嚮，正以相成而不相戾。況本無可爭，但以一往之氣，遂各挾所懷，相爲疑忌。先人孝友之風墜，則家必不長。天下無限逆者順者，且付之無可如何，而徒於兄弟一言不平，一色一令，必藏之宿之乎？試俯首思之！

《提要》

王夫之訓子攽，兄弟應友愛，不可相爲疑忌。

《作者傳略》

王夫之，字而農，號薑齋，衡陽人。明崇禎舉人。張獻忠陷衡州，招授僞官，走匿南嶽。獻忠逼之，執其父爲質，夫之引刀自刺，舁往易父，俱得脫。瞿式耜荐於桂王，授行人。尋歸居衡陽之石船山，著書授徒，不問世事。康熙間，吳三桂僭號於衡，夫之又逃入深山，郡守餽粟請見，以疾辭。有船山全集三百二十四卷行世。

與我文姪書
船山遺書

清　王夫之

與吾姪別，遂已三易歲矣；衰病老人，更能得幾三歲，通一字於左右也？前云欲枉步過我，作數日談，甚爲願望。想世局艱難，家累煩冗，不能如願。愚自長樂歸，未嘗出戶，馳情遙念，但作夢望耳。

讀書教子，是傳家長久之要道。吾姪以寧靜之姿，修此甚爲易易。每戒兩兒，令以吾姪爲法。躐等高遠，不如近守矩範；家衆人各有心，淡然無求，則人自有感化耳。

《提　要》

王夫之與姪敘離情，並論訓練家人之道，應以寧靜澹泊爲主。

《作者傳略》

見前。

復友藏弁集

清　諸九鼎

省教，知訏士㊀已往嚴陵㊁。嚴陵是僕舊遊。江水綜碧，夾峙蒼崖，人行雲影之中，舟在嵐翠之裏。地比鄧林，夙多奇木；人同蒙叟㊂，半住漆園㊃；固是嶽内㊄之名區，漸水㊅之淵藪，不獨桐君採藥㊆，子陵披裘㊇，足堪憑弔已也。足下未得同行，實爲惋惜。

《提　要》

復友述嚴陵風景。

《注　釋》

㊀訏士　號程村，武進人。著有遠志齋詩集。

㈡嚴陵　即嚴陵瀨，在今浙江桐盧縣南，東漢嚴子陵隱居於此，故名。

㈢蒙叟　即莊周，莊周爲蒙人，故有是稱。

㈣漆園　莊周嘗爲漆園吏。故城在今山東菏澤縣北。

㈤嶽內　謂四嶽之內，即天下也。

㈥漸水　即浙江。

㈦桐君采藥　浙江桐盧縣東二里有桐君山（一名桐盧山）相傳昔有異人采藥於此，結盧桐木下。人問其姓，指桐以示之，因號爲桐君山。

㈧子陵披裘　子陵即嚴光，東漢隱士。後漢書嚴光傳：「齊國上言：有一男子披羊裘，釣澤中」。

《作者傳略》

諸九鼎，字駿男，一名曇，字鐵庵，錢塘人。生平未詳。著有樂清集及鐵庵集二書。

與友

藏弁集

清　諸九鼎

鳥之飛也迎風，魚之遊也逆水。此如大事當前；須以身入，方得就理；若迴身退避，鮮不摧敗。洗心退藏，此是平日言之，臨事殊不爾爾。

《提　要》

規友臨事不可畏怯，須挺身應付，方底於成。

《作者傳略》

見前。

與周鹿峯（改亭集）

清　計東

世之稱知己者，其最則憐其才稱譽之，援引之；其次則深忌其才，而必欲殺之；其最不能堪者，視其人無足輕重，其人自生、自死、自貧賤，且老於天地之間，一不介於胸中也。魏相公叔痤荐公孫鞅於惠王，謂：「王若不能用，必殺之」。鞅曰：「王不能用臣，又安能殺臣？」㈠夫天下能殺才士之人即能憐才士之人也，故凡欲殺我者，皆我知己也，可感也。杜甫之懷李白也，曰：「世人皆欲殺㈡」，亦謾語耳，彼其時知李白者有幾人哉？我是以歎知己之難得，而我才不足以致知己之欲殺爲可媿也！

《提　要》

江淹云：「得一知己，可以無恨」，信乎知己之難也，計東自謂其才尚不足以致知己之欲殺，蓋諷周鹿峯視己無足輕重，不引爲知己也。

《注 釋》

㈠魏相六句 事見史記商君傳。公孫鞅即商鞅。「王若不能用，必殺之」句，意謂王如不能用，即殺商鞅以杜後患，蓋公叔痤深知鞅有王佐才，如魏不能用，必奔輔他國爲魏大患也。

㈡世人句 杜甫不見詩：「不見李白久。佯狂真可哀！世人皆欲殺，吾意獨憐才。……」

《作者傳略》

計東，字甫草，號改亭，吳江人。明末諸生。清順治十四年舉順天鄉試。後以江南奏銷案被黜。既坐，宋犖刊其遺文爲改亭集十六卷，詩集六卷行世。

與侯彥窒書 迦陵文集

清　陳維崧

崧罪孽深重，忽遭先府君大變，神魂潰趣，血肉荒迷。即奔訃梁園，緣會跮跌，途路有局，遂成閼阻，五內紆結。忽接遠唁，惶仄奚似！

四弟宗石，先府君在時，屢以羸弱致失教誨，今玆孤露，益復蕪廢。弟崧又以家業頽破，餬口四方，顧此幼孺，中心如割。足下誼切葭莩，情鍾親串，綢繆卵翼，奚俟贅言！但念此子，幼齡多病，便如百藥㈠，成童喪父，略類邴原㈡，疇爲人兄，乃令至此！今以先府君靈櫬在堂，馬鬣未封，闔門惶遽，躊躇進退，萬難爲懷，遂令十四齡稚子，伶仃千里外；與念及此，足下諒爲心惻也！

《提　要》

陳維崧謝侯彥窒唁喪父，並懇善撫其弟。

《注　釋》

㈠百藥　唐詩人李百藥，幼多病，祖母趙因題名曰百藥。

㈡邴原　後漢人。參閱孔融與邴原書提要。

《作者傳略》

陳維崧，字其年，號迦陵，宜興人。少以諸生負盛名，康熙中舉鴻博，授檢討，與修明史。工詩文，輒數千言立就，尤長駢體文及詞，變化若神。有湖海樓詩集、迦陵文集、迦陵詞、及兩晉南北史集珍等。

與某書

湛園集

清　姜宸英

剡川集㊀得巨手裁定，能使作者精神透露於數百年之後。昨閱竟思之，大抵諸序與題跋最勝；而題跋之佳者，直欲伯仲潛溪㊁矣。諸體雖各有利鈍，只是所難者峭潔二字耳。略從先生次第中窺其梗概而述之如此，當不至逕庭否？

抑愚更有請者：剡川之得傳，原係潛溪先生之廣蒐遠訪，始能出之斷爛塵蠹中，而藉以不泯。然今人目中早已不知此書矣，賴先生而復傳，蓋先生即今日之潛溪也。特其文醇疵相半，使汰其疵者，存其大醇，另一集以授之梨棗，則此集亦不妨雁行虞揭㊂諸公之後，當不至如前三百年之付之若存若亡者，先生能無意乎？知萬卷藏中，如此類者不少，直以鄉里耆舊，亟欲其附青雲而不朽耳。宸英頓首。

《提要》

姜宸英稱述某君手定剡川集，並進選其精華，另成一集印行之議。

《注釋》

㈠剡川集　即剡源集，元戴表元撰，明宋濂所集；有序，載宋學士文集。

㈡潛溪　明宋濂字。

㈢虞揭　元虞集揭傒斯均爲元代名儒，有集傳世。

《作者傳略》

姜宸英，字西溟，號湛園，慈谿人。工詩古文辭，精書法，與朱彝尊、嚴繩孫號江南三布衣。屢躓於有司，年七十，始成進士，授編修。後以順天考官被累下獄死。有湛園集、葦間詩集、箚記、江防總論、海防總論。

與王石谷（一）甌香館集

清　惲壽平

去足下不覺五日。五日在田舍，執卷據案輒思睡，一無所爲。閒拈豪搆思，擬成文，究無一字，嘆悶而已。

兄不到水庭，鎮日閉門拒俗客，所經營絹素，當更得奇宕險怪之想。然南田（二）不在，即得意有誰能稱快叫絕者？即有之，想吾兄亦何屑聽其妄爲評論，使蒼蠅聲之入耳也。

自兄來此，弟素狂不怯人，今乃不能著一筆；間持筆，輒念石谷；念石谷百遍，稍稍得一兩筆；得一兩筆後，輒又慮吾石谷他時或見之也，復爲躊躇久之。弟與兄庶幾稱肺腑矣，而忍視我坐顛倒想中過五十小劫耶？

曹生洞庭秋帆小卷，設色必已甚麗？曹生去時，正遇洞庭秋風，足下尺幅，乃欲與造化爭麗耶？弟畫歸棹圖，因詩未成，尚在案頭也。董思翁（三）畫一幅，送玩。曹卷未送，肯付一賞不？

《提 要》

王石谷工畫山水。惲壽平初亦習山水，及見石谷畫，自知不及，遂輟山水專攻花卉。閱此簡，可信壽平對於石谷之傾倒之深。

《注 釋》

㊀王石谷 名翬，常熟人。師王時敏畫山水，時稱畫聖。
㊁南田 惲壽平號。
㊂董思翁 謂明董其昌。其昌號思白，工書畫。

《作者傳略》

惲壽平，本名格，一字正叔，號南田，又號白雲外史、雲溪外史，亦稱東園客，武進人。八歲能詩，明亡，隨父日初入浙，中道相失，嘗一度薙髮於杭之靈隱寺。工畫，初作山水，後學花卉：又工詩，善書法，世稱「南田三絕」。有甌香館集。

與某書 西陂集

清 宋犖

長安晤對，大慰生平，揮麈之餘，山川增色。不意老年臺以大禮㈠南歸，同人殊爲慘鬱；坐無車公㈡。蓋不知經幾番惆悵也！弟因叨補秋曹，日親讞案㈢，國是民命所關，心力交瘁，疏候之愆，方無以謝故人，而殷殷翰教，益我慚惶！至於奕世忠孝之風，備於傳表且出訒菴阮亭㈣兩公如椽之筆，是人以文顯，文以人傳，真爲天壤不朽之業，當什襲藏之，以詒後禩，十子詩略一刻所闕者大作耳。事襄痛定之後，又當以文章爲繼述，幸速致以慰選壇之望！舍弟以五月初旬回部，緣應接之苦，未能裁候，統此申意。令叔先生及震浮垣三諸公前，乞致弟相念之切，嗣容耑啓。拙詩附呈教正！臨楮溯洄不既。

《提要》

此書所敘有四事：㈠敘別後之惆悵及因政務繁冗而疏候；㈡贊美訒庵阮亭所撰其父之傳表；㈢索近作以入十子詩略；㈣代弟致意，並請代候其叔及震浮垣三諸公。

《注釋》

㈠大禮　謂丁親憂以盡子禮也。

㈡車公　晉車胤寒素博學，知名於世。又善於賞會，當時每有盛坐而胤不在，皆云無車公不樂。

㈢叨補二句　時宋犖以黃州府通判陞刑部郎中，故有此語。

㈣訒庵阮亭　訒庵，葉方藹字，順治進士，累官至刑部右侍郎。阮亭，王士禛字。參閱王士禛與程崑崙作者傳略。

《作者傳略》

宋犖，字牧仲，號漫堂，又號西陂，商邱人。年十四，應詔以大臣子列侍衛。逾年考試，銓通判。康熙中，累官至吏部尚書，加太子少師。犖淹通典籍，練習掌故。著作頗富，有緜津山人詩集、西陂類稿、筠廊偶筆、滄浪小志……等多種。

與程崑崙

賴古堂名賢尺牘新鈔

清　王士禎

林茂之先生今年八十有三，文苑尊宿，此爲碩果，亦巋然老靈光矣。頃相見，詢其平生著述，皆藏溧水之乳山中。詩自萬曆甲辰，未付棗梨。茂翁貧且甚，不能自謀板行，行恐盡淪煙草。今人黄口才學，號嗄連篇累帙，便布通都。此老負盛名七十年，至不能傳一字於後世，可惜也！弟意先檢點其近作，約好事者人任一卷。積石爲山，集翠成裘，大是佳話，——顧同志寥寥耳。

《提　要》

王士禎擬爲林茂之編印詩文集，徵友合作。此簡雖未明言請程崑崙共其事，然頗寓試探之意。

《作者傳略》

王士禎，字貽上，號阮亭，別號漁洋山人，新城人。順治進士，累官至刑部尚書。後人避清世宗諱，改名士正，乾隆中，賜名士禎，諡文簡。士禎工詩，爲一代宗匠，與朱彝尊並稱朱王。又善古文，兼工詞。著述頗富，有帶經堂集、漁洋詩文集、池北偶談、香祖筆記等數十種。

與汪鈍庵書㈠

尊聞堂集

清 陳廷敬

去藏居荒隴之側，得健庵徐君書，已知足下予假歸吳中，後得手書，甚悉。是時雖居隴側，已釋服，故得爲歌詩，作五截句奉懷，且以自道其有終焉之志也。今年八月，奉父命再出。故嘗善病，於路轉劇。十月抵都下，補舊官，事數倍曩時，益不任其勞，率嘗杜門斷客，不知者曰孤介，或云傲物，其實皆非也。自歸三年，數承足下手書相問存，輒不及奉答，蓋不欲以草土姓名，時達京國。後足下既里居，僕僻處晉鄙㈡，非通衢無由寄候，皆有辭以自解。今居京師，郵書易致，而多疏闕，此真以嬾故耳。姚生公車㈢來，辱翰教，意懇懇有加；又不及答，嬾益甚，不足復責。玆託健庵寄候。祥後㈣學爲古文近百篇，今錄呈者，求指教！截句并錄奉覽。思仰不宣。

《提要》

陳廷敬與汪鈍庵述近狀及疏候原因，並寫贈所爲詩文。

《注釋》

㈠汪鈍庵　名琬；字苕文，晚號堯峯，又號玉遮山樵，長洲人。順治進士，官至戶部主事。康熙中，舉鴻博，授編修。以疾假歸，遂不出。

㈡晉鄙　謂山西省之邊境。

㈢公車　清時舉人入京會試，稱公車。

㈣祥後　謂喪期已滿之後。

《作者傳略》

陳廷敬，字子瑞，號説巖，山西澤州人。順治進士，累官至文淵閣大學士兼吏部尚書。卒謚文貞。有尊聞堂集、爾亭文編。

與友書（艾納山房集）

清　王九齡

前承老先生年臺軒車枉顧，緣僻處荒村，離城六十餘里，有失倒屣，隨廁名諸同人之末，奉邀大駕；又不獲趨陪讌笑，彌深耿愧！

昨捧讀瑤篇㈠，格律高渾，意旨清深，直令盛唐諸名家，退避三舍！邇來古調不彈，蟲吟瓦響㈡，爭鳴於世，今得老先生李杜文章，振起頹靡，真風雅之極幸矣，服膺何已！不揣效顰，呈削！珠玉在前，自覺形穢，如何？幸直教之，爲荷？

刻下擬輕舟奉謁，因賤體冒風；而家君又以年衰，憚於遠出，東道之誼，殊抱歉然。外具微物，聊供一箸，伏冀笑留！家君命筆申候。臨穎翹切。

《提　要》

全書分三段：先敍其友莅城時未遑迎迓陪讌，頗以爲歉；次獎譽其所寄詩，並呈私作；最後述未能趨謁之故，並饋贈食物。

《注　釋》

㈠瑤篇　喻其詩文如美玉也。

㈡蟲吟瓦響　喻詩歌之低劣不足以動人者。

《作者傳略》

王九齡，字子武，華亭人。康熙進士，累官至都察院左都御史。九齡恬靜有雅量，才思富豔。工詩文，有艾納山房集與松溪詞行世。

與程若韓書 望溪集

清　方　苞

來示欲于誌有所增，此未達於文之義法也。昔王介甫㈠誌錢公輔母，以公輔登甲科爲不足道，況瑣瑣者乎？此文乃用歐公㈡法。若參以退之㈢介甫法，尚可損三之一；假而周秦人爲之，則存者十二三耳。此中出入離合，足下當能辨之。足下喜誦歐公文，試思所熟者，王武恭杜祁公諸誌乎？抑黃夢升張子野諸誌乎？然則在文言文，雖功德之崇，不若情辭之動人心目也，而況職事族姻之纖悉乎？

夫文未有繁而能工者；如煎金錫，麤礦去，然後黑濁之氣竭而光潤生。史記漢書長篇，乃事之體本大，非按節而分寸之不遺也，前文曾更削減，所謂參用介甫法者，以通體近北宋人，不能更進於古；今並附覽，幸以解其蔽！必欲增之，則置此而別求能者可也。

《提　要》

方苞應程若韓之請，爲撰墓志。若韓嫌其簡短，請益增。苞不以爲然，告以撰誌之道，貴能情辭動人，不在多敘纖悉之事，竟拒其請。

《注　釋》

㈠王介甫　即王安石。
㈡歐公　謂歐陽修。
㈢退之　謂韓愈。

《作者傳略》

方苞，字鳳九，號靈皋，晚號望溪，桐城人。康熙中，會試中式，以母病未預殿試。旋以戴名世案被累，幾論斬，坐隸旗籍。乾隆元年，帝知其文學優良，命入直南書房，累擢禮部侍郎。苞論學以宋儒爲宗，尤致力於春秋三禮。文學韓、歐，嚴於義法，非闡道翼教有關人心風化者不苟作，爲桐城派之初祖。有望溪文集，及周官析疑、春秋通論、喪禮或問……等傳世。

焦山雙峯閣寄舍弟墨

板橋全集

清　鄭　燮

郝家莊有墓田一塊，價十二兩，先君勇欲買置，因有無主孤墳一座，必須刨去，先君曰：「嗟乎！豈有掘人之塚以自立其塚者乎！」遂去之。但吾家不買，必有他人買者，此塚仍然不保。吾意欲致書郝表弟，問此地下落。若未售，則封去十二金，買以葬吾夫婦；即留此孤墳，以爲牛眠一伴，刻石示子孫，永永不廢，豈非先君忠厚之義而又深之乎？

夫堪輿家言，亦何足信！吾輩存心，須刻刻去澆存厚，雖有惡風水，必變爲喜地，此理斷可信也。後世子孫，清明上塚，亦祭此墓，巵酒，隻雞，盂飯，紙錢百陌，著爲例，雍正十三年六月十日，哥哥寄。

《提　要》

鄭燮函令其弟墨，購買郝家莊墓田，作爲身後葬地；又謂原有孤墳須保存，並定祭例，令後世子孫歲後祭掃，永永不廢。

《作者傳略》

鄭燮，字克柔，自稱板橋道人。少穎悟，落拓不羈，有狂名。乾隆進士，歷官范縣、濰縣知縣，有循吏之目。後以請賑忤大吏，乞疾歸。燮工詩文，不拘體格，興至則成。又善書畫，自成一家。有板橋全集。

淮安舟中寄弟墨（板橋全集）

清　鄭　燮

以人爲可愛，而我亦可愛矣，以人爲可惡，而我亦可惡矣。東坡一生覺得世上没有不好的人，最是他好處。愚兄平生漫罵無體，然人有一才一技之長，一行一言之美，未嘗不嘖嘖稱道。橐中數千金，隨手散盡，愛人故也。至於缺阨欹危之處，亦往往得人之力。

好罵人，尤好罵秀才㊀。細細想來，秀才受病，只是推廓不開；他若推廓得開，又不是秀才了。且專罵秀才，亦是寃屈，而今世上那個是推廓得開的？年老身孤，當慎口過。愛人是好處，罵人是不好處；東坡以此受病，況板橋乎！老弟亦當時時勸我。

《提要》

鄭燮思想超逸，不同凡流。平生尤惡酸腐儒生，遇之者輒被痛罵，晚年稍知自抑，故函其弟時加勸阻。然讀書中「專罵秀才，亦是寃屈，而今世上那個是推廓得開的」數語，則其罵也，又更進一層，固不僅專以秀才爲對象，亦可知其欲不罵人者，正以世人之罵不勝罵也。

《注　釋》

㊀秀才　泛指酸腐儒生而言。

《作者傳略》

見前。

戲答秋帆㊀制府誤寄銀信

隨園全集

清　袁　枚

重九日，接到朱提一封，簽標「隨園先生哂存」六字，正值兒子做親，欣然拆用。及細讀來札，乃係寄魚門㊁家物也。在尚書要周急，而記室要繼富，想牙門闊遠，賓主天各一方，不相關照耶？枚故「哂」則遵之，「存」則不敢也。然而吾鄉窮秀才家，有誤報元魁者，其人始而喜，繼而嗔，終而又喜，無聊之極思，乃將報紙裝潢，收藏不敢棄；及至次科，果然中矣。枚如法揭起「隨園哂存」封皮一張，以待來年，未知果有效否？并寄此札，望公亦「哂」而「存」之！

《提　要》

畢沅誤寄銀信。袁枚戲作覆書。措詞滑稽，雅而不俗。

《注　釋》

㈠秋帆　即畢沅。詳閱畢沅與楊蓉裳作者傳略。

㈡魚門　程晉芳字。

《作者傳略》

袁枚，字子才，號簡齋，又號隨園老人，仁和人。乾隆進士，改翰林院庶吉士。出知溧水、江浦、沭陽、江寧等縣，並著能聲，年甫四十，即告歸，作園於江寧小倉山下，號隨園，以吟詠著作爲樂。世稱隨園先生。有小倉山房詩文集、隨園詩話、隨園隨筆……凡三十餘種。

戲答陶怡雲饋鴨（隨園全集）

清　袁　枚

賜鴨一枚，簽標「雛」字。老夫欣然，取鴨諦觀，其衰葸龍鍾之狀，乃與老夫年紀相似。烹而食之，恐不能借西王母之金牙鐵齒，俾喉中作鋸木聲；畜而養之，又苦無呂洞賓丹藥，使此鴨返老還童，爲喚奈何！若云真個雛也，則少年老成，與足下相似，僕只好以賓禮相加，不敢以食物相待也。昔公父文伯宴露睹父，置鼈焉小，露睹父不悅，辭曰：「將待鼈長而後食之。」㊀僕仿露睹父之意，奉璧足下，將使此鴨投胎再生，而後食之，何如？

《提　要》

陶怡雲饋袁枚老鴨一枚，而標以「雛」，枚戲作簡璧謝。

《注　釋》

㊀公父文伯五句　國語魯語：「公父文伯飲南宮敬叔酒，以露睹父爲客。羞鼈焉小，睹父怒。相延食鼈，辭曰：「將待鼈長而後食之。」遂去。

《作者傳略》

見前。

再答尹公㈠

隨園全集

清 袁枚

枚健飯㈡月矣，起居幸如平時，惟形體未充，五十步外不能離杖而行。前蒙夫子遣使問疾。枚欲趨函丈，奈春寒逼人，毛髮析灑；且閉戶半年，一作出山之雲，則酬應如麻而起；是以旌旗兩至白門，而野鶴孤眠，竟無迎送。自歎公門桃李，變作朽木難雕。倘節居清明，此身與草木同茂，定當先詣平泉，領略時雨春風，以捐除宿疾也。

呈小詩數章，親筆謄寫。夫子讀詩情宛轉，喜其故態之存；見字蹟欹斜，憐其腕力之弱。五六兩公子未知已渡江否？奉懷詩附書於後。

《提　要》

袁枚嘗爲尹繼善門下士，生平極以文字受知。此書係述病後狀況，及不能面謝慰問之由，並附呈近作數章。

《注　釋》

㈠尹公　名繼善，滿洲鑲黃旗人。雍正進士，累官文華殿大學士，四督兩江。卒謚文端。

《作者傳略》

見前。

致楊蓉裳

(一)春龍堂詩文集

清　王昶

蓉裳年兄：春明分袂，彈指半年。遙跂清暉，徒勞延佇。臘底獲接手書，語重心長，足徵念我情殷，尤可感佩也！

寒士赴官，實爲不易，未審資斧是否裕如？以春初起程計之，尚須於三四月抵肅，公事有程，斷不宜於過滯。至藩臺爲人公直，僕已詳悉告知，相見時當有水乳之契。蓋以甘肅州縣，迴與他處不同，地近邊關，民風淳質，而稅斂無多，亦不煩於敲扑；其間應酬事宜，請其指示，更必措施盡善也。

自吳而豫，由豫而陝，其間高山巨川，故宮廢苑，皆足以發憑弔之情；倚馬而吟，聞鷄而舞，新篇之富有，更何如耶？專此奉覆，并訊近好，不宣。

《提　要》

楊蓉裳嘗官甘肅伏羌知縣。赴任前王昶曾爲其先容於藩臺某公，故書中有「僕已詳悉告知」語。書中又告以甘肅民政狀況，其扶掖後進，可謂至矣。

《注　釋》

㈠楊蓉裳　名芳燦，無錫人。乾隆拔貢。初知伏羌縣，累遷戶部員外郎。

《作者傳略》

王昶，字德甫，號蘭泉，又號述庵，青浦人。工詩，與錢大昕等稱吳中七子。高宗南巡，召試第一，欽賜內閣中書。累遷刑部右侍郎，有春融堂詩文集、金石萃編、明詞綜、清詞綜等傳世。

致孫淵如㈠觀察書 潛研堂集

清 錢大昕

淵如觀察大人閣下：入春以來，再披手翰，委曲周摯，具見儒術飾治，惠民勸俗之盛意。伏生㈡後裔，世襲博士，允爲熙朝曠典，古學振興，將在此日；「宰相須用讀書人」，非虛語矣！

聞閣下有意刊唐律疏義，此真無量功德，較之一時平反寃獄，其惠蓋萬萬倍也！

近刻拙著十駕齋養新錄，欲得玄晏㈢序以增身價。大昕桑榆景迫，恐相見無期，身後墓志，亦待椽筆。卅載相知，幸不吝揮灑！息壤之約，惟留意焉。獻之已起身，想歲內可相晤。順候近祺，不盡馳切。

《提　要》

錢大昕頌揚孫星衍以儒術飾治之惠政；並求爲所著十駕齋養新錄作序，及撰身後墓志。

《注　釋》

㈠孫淵如　名星衍。乾隆進士，授編修，改刑部主事，歷官山東督糧道，權布政使。

㈡伏生　即漢伏勝。秦時曾爲博士。

㈢玄晏　即晉皇甫謐。謐嘗爲左思作三都賦序。

《作者傳略》

錢大昕，字曉徵，號辛楣，一號竹汀，嘉定人。乾隆進士。歷官內閣中書、翰林院編修，充任鄉會試考官，提督廣東學政。大昕始以詞章名，爲吳中七子之一。後乃研精經史。著有潛研堂文集、詩集、詞垣集、養新錄……等三十餘種。

與楊蓉裳

靈岩山人詩文集

清　畢沅

數月以來，久不接音問。正深馳憶。昨令姪來陝，獲接手翰，欣悉年兄因軍功著績，得列剡章㊀，現在恩准送部，書生而知武備，自昔難能；足下當逆賊臨城，獨能挺身捍衛，保全生命，其功實多！行見入覲彤墀，定獲超遷不次，松茂柏悅，何快如之！

至承示紀事詩百韻，激昂慷慨，想見臨戎短後，當時正不僅於長律中論工拙也。令姪才華煥發，素所知名，幸接丰裁，益歎賢竹林㊁鍾英不偶也！茲乘役旋之便，專泐佈覆，順候綏祺。

附上樂遊聯唱集四册，惟希政可！大序已置簡端矣，謝謝！餘容面罄，不宣。

《提　要》

楊芳燦知甘肅伏羌縣時，回民田五爲亂，芳燦守城五日，圍始解。畢沅此書，即頌其禦寇功績。後二段稱頌其所作紀事詩，及其姪之英俊；並附贈所編樂遊聯唱集。

《注　釋》

㈠剡章　剡溪出紙，故稱公牘曰剡章。

㈡賢竹林　晉阮籍與姪阮咸，並列名竹林七賢中，故後世稱人叔姪曰賢竹林。

《作者傳略》

畢沅，字鑲衡，號秋帆，自號靈岩山人，鎮洋人。乾隆進士，授修撰，官甘陝時甚久。累官至湖廣總督，勦教匪有功。著述甚富，有靈岩山人詩文集，續資治通鑑……等行世。

與吳子方

惜抱軒全集

清　姚鼐

承惠千餘言，意甚深美，而辭蔚然；此天下之才，豈僅吾鄉之彥哉！顧衰敝鄙陋，無以稱後來才俊之求，茲爲愧耳！

書內言鼐闢漢，此差失鄙意。鄙見惡近世言漢學者多淺狹，以道聽塗說爲學，非學之正，故非之耳，而非有闢於漢也。夫言學何時代之別？「多聞擇善而從」，此孔子善法也，豈以時代定乎？「博聞彊識㈠」，而用心寬平不自矜尚，斯爲善學。守一家之言則狹，專執己見則陋；鄙意第若此而已，子方以爲當乎不邪？

心氣耗竭，目復皆耗，奉答不能詳備，惟達其大旨，諒其不逮！暑熱，珍重！尊大人前道候。餘不具。

《提　要》

姚鼐論爲學之道，當「多聞擇善爲從」與「博聞彊識」，不爲時代所囿。如專守一家之言，執一己之見，則其聞見，必狹而陋，殊非爲學之正。

《注　釋》

㈠多聞句　論語述而篇：「多聞擇其善者而從之。」

㈡博聞彊識　禮曲禮：「博聞彊識而讓。」

《作者傳略》

姚鼐，字姬傳，一字夢穀，桐城人。乾隆進士，累官至刑部郎中，記名御史。四庫館開，荐爲纂修。年餘，乞病歸。歷主江南、紫陽、鍾山各書院四十餘年。其齋名曰惜抱軒，學者稱惜抱先生。論學主集義理、考證、詞章之長，不拘漢宋門戶，世目爲「桐城派」。著有惜抱軒全集、九經説、三傳補注等多種。其所選古文辭類纂一書，義例甚嚴，學者多奉爲圭臬。

與陳約堂（惜抱軒全集）

清 姚鼐

前月獲侍須臾，旍旆遽發。方切企仰，郎君至，復荷手書存注；又詢知近履萬福，無任欣忭！

德門多才，家學累襲，當爲四海不多覯之族；而郎君之來此者，則又仙芝琪樹之尤盛者也！雖鄙夫得見之，爲心志怡懌者累日，況撫諸膝下者哉！顧以衰年陋學，無所發之；求馬於唐肆，真使虛此行造耳，愧赧！愧赧！

見會榜錄(一)，知賢姪孫獲雋，英少鵲起，欣賀曷任！漸熱，伏惟慎護！茲因郎君行還，附候不宣。

《提要》

姚鼐稱許陳約堂之子英俊多才，並賀其姪孫會試中式。

《注　釋》

㈠會榜錄　即會試中式者之姓名錄。

㈡獲雋　謂考試中式也。

《作者傳略》

見前。

與項秋子 有正味齋集

清 吳錫麒

得手書，知天上石麟㈠，已和彩雲一片，飛墜君家矣。想接武而起者，尚未有艾。肯堂肯構，不患無人，特患弄麞書㈡笑破阿翁口耳。尊作謹依韻奉和。他日返里，願乃郎頭角崢嶸，尚須償我湯餅債也。堂上二老人，想益康健；含飴弄孫，樂何如之！郵便奉賀，望恕草草！

《提　要》

賀生子。

《注　釋》

㈠天上石麟　陳書徐陵傳：「母臧氏，嘗五色雲化而爲鳳，集左肩上。已而誕陵焉。時寶誌上人者……手摩其頂曰：『此天上石麟也。』」

㈡弄麞書　舊唐書李林甫傳：「太常少卿姜度，林甫舅子。度妻誕子，林甫手書慶之曰：『聞有弄麞之慶。』客視皆掩口。」按：俗呼生男曰弄璋，林甫不學，誤「璋」爲「麞」，故爲人所笑。

《作者傳略》

吳錫麒，字聖徵，號穀人，錢唐人。乾隆進士，累官國子監祭酒。生平不喜趨權貴，以親老乞養歸里。嘗至揚州，主講安定、樂儀書院，所拔多績學礪品之士。有有正味齋集。

東溪鐵生

㈠有正味齋集

清　吳錫麒

舟抵荻港，蘆風蕭蕭四無行人，漁子挐小舟而出，遙赴夕陽中，「欸乃一聲山水綠㈡」。此時此景，得足下以倪黃㈢小筆寫之，便可千古。奉到青藤㈣一枝，伏聽驅使。

《提　要》

敍述荻港晚景，並贈青藤杖一枝。

《注　釋》

㈠奚鐵生　名岡，錢塘人，以畫名。

㈡欸乃句　柳宗元漁翁詩：「煙銷日出不見人，欸乃一聲山水綠。」

㈢倪黃　元倪瓚黃公望，均以善畫山水名於時。

㈣青藤　杖也。

《作者傳略》

見前。

簡張船山㈠

有正味齋集

清　吳錫麒

園中荷花，已大開矣，鬧紅堆裏，不少游魚之戲；惟葉多於花，渾不能辨其東西南北耳。倘能來，當雪藕絲，剝蓮蓬，儘有越中女兒酒，可以供君一醉。

《提　要》

邀賞荷。

《注　釋》

㈠張船山　名問陶，字仲治。乾隆進士，由檢討累官萊州知府；以病辭。

《作者傳略》

見前。

簡張心甫

有正味齋集

清　吳錫麒

枕上聞鳥聲關關，披衣起盥，日色已上紙窗。望寶石㊀諸山，軒豁呈露，笑黛宛然，足下能同一游乎？已買艒艙㊁以待。

《提　要》

邀遊寶石山。

《注　釋》

㊀寶石　山名，在浙江杭州西湖北，山上有保俶塔。

㊁艒艙　小舟也。

《作者傳略》

見前。

與祝子常

養一齋文集

清　李兆洛

足下立身行己，抗心古人，所處有斷限，不自容其非，亦不肯容人非。所著作皆俊傑廉悍，作作出芒燄，未見深於情而不靡如足下者也。人生何必時俗喜，何必鬼神憐？但得一二快處，傾瀉肝腑，發攄瑰奇，亦足豪耳。諸葛武侯誡甥書㊀曰：「志當存高遠，棄凝滯，忍屈伸，去細碎，使庶幾之情，揭然有所存。」倘亦吾儕座右銘乎？

《提　要》

祝子常正直豪爽，不迎時俗；著作則瑰奇有光燄。李兆洛以其鋒芒太露，非立身處世之道，故引諸葛亮書以規之。

《注　釋》

㈠諸葛武侯　即三國蜀諸葛亮。誡甥書，見前。

《作者傳略》

李兆洛，字申耆，陽湖人。嘉慶進士，改庶吉士散館。授安徽鳳臺縣知縣。旋丁父憂，遂不出。主江陰書院講席，幾二十年，成材頗衆。有養一齋文集，皇朝文典，大清一統輿地全圖等多種。

與友人書

崇百藥齋文集

清 陸繼輅

伻來，言所治地僻而土瘠，城中居民，不及百家。大府以足下曾任繁劇，才大不可以簡縣屈，若以治獄留省中待遷其可，足下遂瞻顧不行。僕聞之，未以爲信。何者？地僻則官無奔走迎候之勞，可專志爲治；土瘠則民無驕奢淫蕩之習，而教令易行，此正宜足下所樂。乃自春徂夏，猶未上事，是非徒有所瞻顧，而實自薄之不屑往也。果爾則足下之才，方今郡守監司，不逮什百者，何可數計，而足下乃浮湛㊀縣令，將並薄之不爲耶？向在京師，見牧令謁吏部出者，欣戚之意，判然見於顏色。叩其故，則曰：「某地官富，某地貧，」訟言而不諱。吏習如此，可爲深歎！豈足下胸中，亦有此等計較，未能悉化耶？抑別有他故。望即裁答，毋令久蓄此疑。

《提　要》

責友嫌所治地貧瘠，遲遲不赴任。

《注　釋》

㊀浮湛　猶言浮沉。

《作者傳略》

陸繼輅，字祁孫，一字修平，陽湖人，嘉慶舉人，官合肥縣訓導，甚得時譽。以修安徽省志敍勞，選江西貴溪縣知縣。居三年，以疾乞休。有崇百樂齋文集、合肥學舍札記。

致杏農書

漱六山房文集

清　吳昆田

月前手覆一椷，交原足齎呈，計徹清覽，其時手頭適無養一詩話印本，茲以寄上，希詧收。

治官之暇，讀書最要，足爲身心之益，非徒仕優則學之義也。蓋讀書之事，吾人不可一日或疏。每讀史册，見古來名輩，時望卓然，而功業麤成，輒自盈溢，不獨舉止失措，即習見文字，亦無義理足以饜乎人心，豈果本領大而心計麤乎？氣矜廢學，闊遠聖賢，有日趨於流俗而不自覺者矣。宋之王荆公㈠，自信其學以誤天下，爲後世詬病；然其言有云：「末俗易高，險途難盡。」意味深長，殊可思也。昆田不學之身，晚思補捄，已不可及；然終不敢自棄；而尤不能無耿耿於同心之士也。

兄弟之好，一別十年。聊達區區，且復望復；其必有以教我。

《提　要》

勗勉杏農居官之暇，應常讀書以修養身心。

《注　釋》

㈠王荊公　即王安石

《作者傳略》

吳昆田，字稼軒，清河人。道光舉人，累官刑部員外郎。有漱六山房文集。

寄熊露笙丈

張嘯山集

清 張文虎

甲申夏，嘯峯來浦東㈠，睎尊稿，格高氣清，風骨蒼健，絕異時下筆墨；私心向往，恨願見而不可得。及丁亥歲，假館南塘，先生已前二年入都，又無由見。時於令子曦邨處詢客況，而先生書回，亦間及不佞。十年夢想，千里神交，不必真識荊州㈡，而拈髭苦吟，浮白豪吟，已如見其人。仲冬聞文旆言旋，將訪故交於廊下村，竊自喜慰，得遂向來企慕之念。乃嚴寒水涸，繼以堅冰，致遲瞻仰。日來天氣稍暖，舟楫漸通，擬以東坡生日㈢，待先生於井眉甥館。外舅氏堅香先生處，先已達意，專眄德星。以負瓢腰笛之吟，訂傾蓋班荊之雅，先生或一笑許之乎？

荒言一首，聊當乘韋，具別紙，幸惠教之！

《提要》

張文虎與熊露笙神交雖久，緣慳一面，故作書約期把晤，並寄贈所撰文一首。

《注釋》

㈠浦東 在江蘇上海市東黃浦江東岸。

㈡荊州 唐韓朝宗嘗爲荆州刺史，李白遺書曰：「生不用封萬戶侯，但願一識韓荊州……。」

㈢東坡生日 宋蘇軾生於景祐三年十二月十九日。

《作者傳略》

張文虎，字孟彪，又字嘯山，自號天目山樵，南匯人。貢生，嗜古博覽，於經學、小學、曆算、樂律等，皆研究深造；尤深校勘之學。館金山錢熙祚家三十年。同治初，與李善蘭同客曾國藩幕中，甚爲器重，保候選訓導。光緒中卒。著有古今樂律考、校勘史記札記、舒藝堂隨筆、詩文集等書。

與鮑春霆㈠

曾文正公全集

清　曾國藩

足下數年以來，水陸數百戰，開府作鎮，國家酬獎之典，亦可謂至優極渥。指日榮晉提軍，勳位並隆，務宜敬以持躬，恕以待人。敬則小心翼翼，事無巨細，皆不敢忽；恕則凡事留餘地以處人，功不獨居，過不推諉。常常記此二字，則長履大任，福祚無量矣。

《提　要》

勉鮑春霆治軍，應謹守「敬恕」之道。

《注　釋》

㈠鮑春霆　名超，奉節人。以哨官從曾國藩，累戰有奇功，官至提督，封子爵。

卒謚忠壯。

《作者傳略》

曾國藩，字滌笙，號伯涵，湘鄉人。道光進士，累官禮部侍郎，丁憂歸。會太平軍起，在籍督辦團練，編制鄉勇，連復沿江各省，封毅勇侯。後以大學士任兩江總督，卒於官，謚文正。國藩學主實踐，所爲古文，卓絕一代。有曾文正公全集。

覆方子白(一)　曾文正公全集

清　曾國藩

國藩才智淺薄，精力極疲，忽膺艱鉅，大懼賈越，惟當廣引直諒之友，啓牖忠益，匡其不逮。承薦令弟，及武舉張君，請即束裝來敝營，量才位置。以後閣下鑒衡所及，如有文可爲牧令，武可爲將領者，望無惜時時汲引，冀收拔茅連茹之效。若無實在出色之處，介乎有用無用之間，則可不必多薦；以不收則空勞往返，收之則漸近冗員也。

大抵觀人之道，以樸實廉介爲質。有其質更傅以他長，斯爲可貴。無其質則長處亦不足恃。「甘受和，白受采㈠。」古人所謂無本不立，義或在此；閣下以爲何如？

《提　要》

曾國藩在軍，獎掖人才，不遺餘力，名士能將，無不歸附；讀此書已可見其一般。末段所論觀人之道，尤爲深切，非有大學問大見識者，決不明此。

《注　釋》

㈠甘受和白受采　見禮記禮器。甘爲衆味之本，不偏主一味，故得受五味之和；白乃五色之本，不偏主一色，故得受五色之采；所以喻人信實質素而無雜行，可以學禮也。

《作者傳略》

見前。

覆方子白(二)

曾文正公全集

清　曾國藩

接上年十月惠函，力主遷都長安之議。此事京中具奏者甚多，鄂省司、道諸公，亦衆口同聲，以爲目下第一良策；山、陝、河南各疆臣，亦皆先後陳奏。鄙意以爲中興在乎得人，不在乎得地。漢遷許都㊀而亡，晉遷金陵㊁而存；跖跋遷雲中而興，遷洛陽而衰㊂；唐明皇、德宗再遷而皆振，僖宗、昭宗再遷而遂滅㊃；宋遷臨安而盛昌㊄，金遷蔡州而淪胥㊅。大低有憂勤之君，賢勞之臣，遷亦可保，不遷亦可保，無其君，無其臣，遷亦可危，不遷亦可危。鄙人閱歷世變，但覺除得人以外，無一事可恃。張仲遠觀察持遷秦之說甚力，與鄙見微若齗齗。因閣下垂詢，略報一二，伏惟采擇，仍賜辨正，爲荷！

《提　要》

咸豐中，英法聯軍破大沽，陷天津北京，帝走熱河。時朝臣咸主遷都，方子白以書徵國藩意見。國藩以爲欲禦外侵，貴乎人主之能憂勤，大臣之能忠心衛國；不重得人，徒議遷都，何濟於事。

《注　釋》

㊀漢遷許都　漢獻帝建安元年，曹操遷都於許，二十四年，漢亡。

㊁晉遷金陵　晉愍帝爲劉聰所殺，元帝即位於建康（即金陵），史稱東晉。

㊂拓跋二句　北魏拓跋什翼犍（昭成帝）移都於雲中之盛樂；至拓跋宏（孝文帝）遷都洛陽。

㊃唐明皇二句　唐安祿山之亂，玄宗奔蜀，肅宗即位靈武，重振帝業。建中四年，朱泚反，德宗出奔奉天，興元初，還京師。廣明間，黃巢入長安，僖宗走興元，旋還長安。乾寧三年，李茂貞犯闕，昭宗奔華州。天復中，韓全晦劫帝如鳳翔。後遷都洛陽，爲朱全中所弒。

㊄宋遷臨安　宋靖康末，徽欽二帝爲金人所執，高宗即位於建康，尋遷臨安避敵。

㊅金遷蔡州　金哀宗遷都蔡州，不久國亡。

《作者傳略》

見前。

覆蔣蕁卿觀察

曾文正公全集

清　曾國藩

僞託米商，以查釐卞，辦理最爲得訣。委員積久懈惰，一任該司役通同舞弊，虧短實課，填塞漏巵，官民交病，自應認真整理。惟閣下涖事伊始，其察之也，不嫌過多；其發之也，不宜過驟。務求平心靜氣，考核精詳。視委員之尤不職者，撤參一二員；將司役之尤無良者，痛懲一二輩。袁簡齋㊀云：「多其察，少其發。」僕更加一語云：「酷其罰。」三者並至，自然人知儆懼，可望振興。

《提　要》

誡蔣蕁卿整理釐卞課務，不宜過驟，須平心靜氣，多考核，少舉發，而嚴懲其舞弊之尤者。

《注　釋》

㈠袁簡齋　即袁枚。詳見戲答秋帆制府誤銀寄信作者傳略。

《作者傳略》

見前。

與陶少雲㈠書

左文襄尺牘

清　左宗棠

學業才識，不日進，則日退，須隨時隨事，留心著力爲要。事無大小，均有一當然之理，即事窮理，何處非學？昔人云：「此心如水，不流即腐。」張乖崖亦云：「人當隨事用智。」此爲無所用心一輩人說法。果能日日留心，則一日有一日之長進；事事留心，則一事有一事之長進；由此累積，何患學業才識不能及人邪？

作官能稱職，大不容易。作一件好事，亦須幾番盤根錯節而後有成。昔人事業到手，即能處措裕如，均由平常留心經驗，能明其理習於其事所致；未有當前遇事放過，而日後有成者也。

《提要》

左宗棠與壻陶少雲論學業才識，須隨時隨事，留心研究，則其知能自逐漸進步，無論作官處世，均能應付裕如。

《注釋》

㈠陶少雲　陶雲汀子，左宗棠之婿。

㈡張乖崖　名詠，宋鄄城人。官至吏部尚書。

《作者傳略》

左宗棠，字季高，湘陰人。道光舉人，咸豐初，太平軍起，以四品京官統軍，轉戰浙閩等省。後又平陝、甘，定天山南北路，累官總督，拜東閣大學士，封恪靖侯。卒謚文襄。宗棠工古文，著有盾鼻餘瀋及奏議百二十卷。

致馮介人太守書

胡文忠遺集

清　胡林翼

林翼幼遊江漢，見小艇民船，光澤可鑑，不過自惜其物耳。見銅船糧船龐然特大，而黯澹不光，疎散朽敗。事經官手，刻朘者十餘人，百餘人；心以爲官物，則心歸於朽敗而後止。吁！凡官物官財，官人官派，無不如此，令人目欲裂而髮皆衝。然則處今之世，將放流乎官而後爲治乎？是又不可。以做百姓之心做官，以治私事之心治官事，亦庶乎其小瘳乎！吾願與同志共勉之。

《提　要》

晚清官吏貪污者比比皆是，公家建設，類皆陋窳而多報其值，以飽私囊，彼此效尤，恬不爲恥。林翼知其弊，故遺書勉馮介人。簡末「以做百姓之心做官，以治私事之心治官事」二語，尤足爲作官吏者之圭臬。

《作者傳略》

胡林翼，字詠之，一字貺生，益陽人。道光進士，累擢湖北巡撫。時洪楊勢盛，林翼創釐金，通鹽運，增多收入。固守武昌，爲各省戰事之根據。治軍嚴明，尤重將才。後卒於軍，謚文忠。林翼工古文，有文集及讀史兵略等。

答張芾卿書（經德堂文集）

清　龍啓瑞

夏間承賜手書，未及作答，比蒙再書存問，甚愧，甚感！藉悉侍奉萬福。秋試又被屈抑，殊爲悶悶。然某爲吾子計，自有其遠者大者，又安見他人之得，而吾子之爲失乎？比來閒居何以自適？斷能游心於道藝之林，是所企望！竊嘗論吾輩所以俛焉，日有孜孜者，非惟誼當如是，亦借以卻聲色貨利之緣，故此心不至於外馳，則所益固已大矣；足下以爲何如？

某今歲未得外出㊀，亦無所憾，但目前不能遂迎養之志，而長安㊁薪米之費，復不能不累及老人，惟此爲歉然耳。於讀書之計，則甚得也。

近閱經籍，稍有領悟，惜不得良友一印證之！大作詩律，乃更老於前。亟欲作和，以使急不得就，下次遞中再呈。前歲奉使粵東，頗有所作，爲門下士索付剞劂，今輒奉呈一部；如能指其疵病，甚感幸也！

《提　要》

是簡先慰落第，及勉以讀書自適；次自述近況，並寄贈所著作品。

《注　釋》

㈠外出　謂調任外省也。

㈡長安　猶言京師，蓋古時長安嘗爲首都，後人因泛稱天子所都地曰長安。

《作者傳略》

龍啓瑞，字輯五，號翰臣，桂林人。道光進士，授翰林院修撰。累遷提督湖北學政。洪楊兵起，主辦團練，有功，累擢江西布政使。啓瑞善古文辭，又精經義、聲韻之學，有經德堂詩文集、小學高注補正、是君是臣錄……等。

與次女繡孫

春在堂全集

清　俞樾

書來，知目疾未愈。每日用鹽擦牙齒，即以漱口水洗目，久之自有驗也。水仙花詩，寄託遙深，格律清穩，極爲可喜。詠古諸章，無甚深意；且詞句過涉悽惻，閨中少年人不宜作此。以後作詩，宜以和婉爲宗，歡愉爲主，方是福慧雙全人語也。吾前以「福慧」名汝樓，慧則付之自天，福則修之自我，汝宜深思吾言矣。

汝姊吉期已定於三月二十六日，而衣飾至今未辦，固由無錢，亦由爲汝二哥病魔纏繞，舉家都無心緒也。幸吾與汝母俱平善，勿念。

吾所著羣經平議，已寫副本寄杭州，浙中諸當事者，謀集貲付刻，字義載疑亦寫寄金陵，託友人校刊；皆未知能成否？「生前富貴應無分，身後文章合有名，」此白香山㊀詩，吾常誦之。

《提要》

全書所敘凡四事㈠告以目疾自療法；㈡評其女所作詩，並誡其勿近傷感；㈢述長女出閣期，及衣飾未辦原因；㈣告以所著二書，正謀付刻。

《注釋》

㈠白香山　即唐白居易。

《作者傳略》

俞樾字蔭甫，晚號曲園居士，德清人。道光進士，授編修。提督河南學政，爲御史曹澤所劾，罷官。僑居蘇州，專治經學，主講紫陽書院。晚年又主講杭州詁經精舍。旋以會試重逢，復原官。有春在堂全集五百餘卷。

與袁爽秋書

濂卿文集

清　張裕釗

所示大著，偉論越世，廣學甄微，尋其指趣，九流爲近，古今之頤，中外之事，靡所不貫；故其發爲文章。議論怪奇，一辭一義，皆碻有依據，非淺人陋儒所能望其項背。惟文章之道，以實爲體，以虛爲用。作者之實信美矣，更益游刃於虛，使其窈妙曲折，遠出於語言文字之外，則尤善之善者，邈乎其不可攀矣。來教綜論世變，頗有取於瞽言㊀，竊自喜其不謬。然得閣下究極言之，乃更恢之彌廣，按之愈深。今日之事，有能懸閣下之言以爲的，舉一世之積弊而盡易其故者，天下何遽不可爲哉？

近感寒疾，始稍瘥，尚未能復元，勉泐數行，不盡百一。

《提要》

此書分二大段；先贊所示文，並進作文之道，貴乎以實爲體，以虛爲用，使文詞窈妙曲折，足以動人；次敍所論時事，與己見相合，如能以此爲的，時病不難盡除。

《注釋》

㈠瞽言　自謙言論荒誕有如瞽者之言也。

《作者傳略》

張裕釗，字濂卿，武昌人。咸豐恩科舉人，官內閣中書。嘗主講武昌經心書院。善書法，又工古文，有濂卿文集及今文尚書考證……等。

與調卿金門二甥書

翁常熟文集

清　翁同龢

調卿金門賢甥左右：舟中一別，塵事萬端，平生豪氣，消磨殆盡，無可言者。

調卿詩筆有神，更研經史以昌其氣，萬勿萌作官之想，——長安不易居也。金門失偶，是大不得意事，切須調護，毋增堂上憂！

吾輩讀書，大約置治生事於度外，以爲不屑學。予細思之，亦是一病；試問孰主張是乎？

頑軀尚健，入此月來，徒覺摧絕，惟兩甥喻此意。草草不及百一，敬頌堂上近安，並合宅安好！

《提　要》

翁同龢誡其甥俞調卿致力經史，勿萌作官之念，並慰金門喪妻。又論求學應與生產並重，惜時人憒憒，多不明此，其教育思想之前進，求之其時朝野，誠不可多得！

《作者傳略》

翁同龢，字叔平，晚號瓶庵居士，又號松禪，常熟人。咸豐進士，授修撰。官至協辦大學士，戶部尚書，參機務。光緒戊戌，以贊德宗變法免職，卒於家。宣統初，追復原官，謚文恭。同龢工書畫，亦善詩文，有翁常熟文集。

與張朗齋㊀中丞

佩弦齋集

清　朱一新

閏春曾由文報局附上一緘，藉申謝悃，未知曾達典籤否？邇閱邸鈔，知北地雨潦爲災，齊河㊁復致漫決。節居伏秋，水勢未落，想搴茭湛玉，大費經營。自咸豐間蘭儀之潰，全溜流入大清河者，至今三十餘年，淤塞遂高，無所宣洩，橫衝倒灌，勢所必然。前議徒駭分流，利津改道，誠爲救時急務。論者慮分流以後，勢將漸趨畿輔，恐神京重地，或警懷襄。不知滄濱之間，地勢坦低，入海自順，向無北行故道，何致橫決爲災。所患者，下流不暢，日淤日積，萬一奪運道㊂以行，直趨津沽，斯畿輔之大患耳。若分流改道二策，固斷斷無此失也。均甫觀察，壯志未遂，竟隕天年，良可歎惜！新近況如恆，院中事較繁重，精力早衰，愧無以應諸生之請也。

《提　要》

張曜爲山東巡撫時，屢患黃災，朱一新因貽書進分流改道之策。

《注　釋》

㈠張朗齋　名曜，大興人。卒謚勤果。

㈡齊河　謂在山東境內之黃河也。

㈢運道　指運河而言。

《作者傳略》

朱一新，字鼎甫，號蓉生，義烏人。光緒進士，官至監察御史。以劾內侍李蓮英，降主事，乞歸。掌教廣雅書院。有佩弦齋詩文集、無邪堂答問、漢書管見。

中華民國四十二年五月臺初版
中華民國六十九年五月初版第八次印行
中華民國八十一年二月重排初版

國學精選叢書　歷代名人短椾

全一册　定價新臺幣　四三五元
（外埠酌收運費匯費）

主編者　葉楚傖
編註者　曹鵠雛
校訂者　胡倫清
發行人　黃肇珩
發行印刷　正中書局

新聞局出版事業登記證　局版臺業字第○一九九號（0639）
分類號碼：810.00.051（稿）（1000）（8.70）（偉）
ISBN 957－09－0574－3（平裝）

正中書局
CHENG CHUNG BOOK CO., LTD.
地址：中華民國臺灣臺北市衡陽路二十號
Address:20, Heng Yang Road, Taipei, Taiwan, Republic of China
業務部電話：3821153　3822815・門市部電話：3716151
郵政劃撥：0009914－5・FAX NO:（02）382－2805

海外總經銷
OVERSEAS AGENCIES

香港總經銷：集成圖書公司
總辦事處：香港九龍油麻地北海街七號
電　　話：3-886172-4・FAX NO:3-886174
日本總經銷：海風書店
地　　址：東京都千代田區神田神保町一丁目五六番地
電　　話：291-4344 FAX NO:（03）291-4345
泰國總經銷：集成圖書公司
地　　址：泰國曼谷耀華力路233號
美國總經銷：華強圖書公司
Address：41－35, Kissena Boulevard, Flushing, N. Y. 11355 U.S.A.
FAX NO：（718）762-8889
歐洲總經銷：英華圖書公司
Address：14, Gerrard Street, London, Wl England

歷代名人短椾／曹鵠雛編註．—重排初版．—
臺北市：正中，民81
面；　公分，—(國學精選叢書)
ISBN 957-09-0574-3 (平裝)

856.1　　　　81000134